FORMATION

D'ESCADRONS

D'ÉCLAIREURS A CHEVAL

ÉTUDE
sur la
CAVALERIE LÉGERE

FORMATION
D'ESCADRONS
D'ÉCLAIREURS A CHEVAL

PARIS
LIBRAIRIE MILITAIRE
J. DUMAINE, LIBRAIRE-ÉDITEUR DE L'EMPEREUR
Rue et Passage Dauphine, 30

1868

Tenue d'Expédition   (Harnachement complet)

CHAPITRE Ier.

Considérations générales. — Rôle de la cavalerie légère.
— Formation d'escadrons d'Éclaireurs à cheval.

Progrès. — Tel est le mot d'ordre universel. C'est celui de l'industrie, du commerce, de l'agriculture, des beaux-arts : ce devait être celui de l'art militaire. Aussi voyons-nous chaque jour de nouveaux perfectionnements s'introduire dans l'armée et en modifier l'organisme tout entier.

Grâce à des études opiniâtres, à des investigations minutieuses, à des observations sans nombre recueillies par nos officiers les plus distingués ; grâce surtout à cette noble émulation qui est l'âme de l'armée française, le *génie*, l'*artillerie*, l'*infanterie* sont sortis depuis longtemps des ornières de la routine et ont subi les plus heureuses métamorphoses.

La cavalerie, seule, semble rester stationnaire. Mon but n'est pas ici d'en chercher le pourquoi, mon seul désir est de mettre au jour le fruit d'observations faites en campagne.

Je serais trop récompensé, si, parmi toutes les idées que ces observations m'ont suggérées, il s'en trouvait quelques-unes qui pussent recevoir l'approbation de nos officiers de cavalerie, et contribuer à faire entrer cette arme indispensable dans la voie des améliorations si heureusement poursuivies par les armes concurrentes.

Officier de cavalerie légère, je n'étudierai que la cavalerie légère, me souvenant de ce que j'ai vu faire par des hommes plus compétents que moi, me souvenant de ce que j'ai fait moi-même.

Le rôle de la cavalerie légère est d'éclairer, de garder une armée, de poursuivre des fuyards, enfin de donner aux quartiers généraux et divisionnaires des escortes et des plantons.

Or, notre cavalerie légère, avec son organisation actuelle, tout en atteignant chacun des buts que j'indique, pourrait cependant, avec quelques modifications, être rendue plus apte à répondre aux diverses exigences de son rôle.

Voyons les inconvénients et les avantages de l'organisation actuelle.

Dans une armée en campagne, à chaque corps d'armée est attachée soit une division (4 régiments) soit une brigade (2 régiments) de cavalerie légère. Qu'arrive-t-il? c'est que toujours un de ces régiments qui composent la division ou la brigade, est fractionné par escadrons pour le service des quartiers généraux.

Voilà donc une unité de manœuvre, la division ou la brigade, qui n'existe plus. Voilà donc aussi rendus inutiles par quartiers généraux : un colonel, un lieutenant-colonel, deux chefs d'escadrons, deux capitaines adjudants-majors, un porte-étendard, et tout le petit état-major du corps. De plus, difficultés dans les relations de service et d'administration entre des escadrons détachés souvent à de grandes distances les uns des autres. Enfin les hommes, équipés et organisés pour la vie d'ensemble, sont mal outillés pour faire le service de plantons, service qui toujours isole un cavalier de son corps pendant un temps dont il est à peu près impossible de déterminer la durée.

Les inconvénients qui résultent de ces dispositions, sont :

1° La destruction de la division ou de la brigade, c'est-à-dire de la cavalerie légère en tant que force agissante à un moment donné avec le plus de monde possible ;

2° L'inutilité de nombreux officiers exposés sans nécessité ;

3° La difficulté du service dans les corps ;

4° La difficulté du service dans les divisions. En effet, les régiments sont détachés à tour de rôle, et le changement des régiments amène celui des cavaliers au moment où ils commencent souvent à comprendre leurs fonctions.

A côté de ces inconvénients, constatons les avantages des masses de cavalerie légère à un moment donné :

1° Ramasser et protéger une retraite ;

2° Protéger et masquer des mouvements rapides d'infanterie ou d'artillerie ;

3° Attaquer l'artillerie, la cavalerie ennemie et même, à un moment donné, l'infanterie en marche ou formée en carré. A Solférino, la division d'Afrique a chargé sur les carrés autrichiens pour défendre l'entrée de la plaine qu'elle occupait : on a arrêté le mouvement de l'infanterie autrichienne ; mais, sans nul doute, le résultat aurait été encore plus complet, si le 2ᵉ chasseurs d'Afrique, au lieu d'être détaché pour le service des quartiers généraux, avait pris part à la brillante charge de la division d'Afrique et augmenté ainsi le nombre des cavaliers et les chances de succès.

Il faudrait donc, tout en conservant une masse de cavalerie légère, avoir une unité de cavalerie, mobile, exercée, qui pût être affectée au service des quartiers généraux, et empêcher ainsi le morcellement d'un corps ; qui pût aussi être employée à faire des reconnaissances, des coups de main, à tenir en éveil, à fatiguer continuellement les troupes ennemies.

C'est cette unité, que je proposerais de former sous le nom d'*escadrons d'Éclaireurs à cheval*, et dont l'action isolée viendrait combler un vide dans notre armée.

Je vais donc étudier l'organisation complète d'un de ces escadrons, essayant d'en faire un modèle de cavalerie légère, raisonnant le pour et le contre de chacune des modifications que je proposerai d'apporter au système de recrutement, d'instruction, d'habillement, d'armement, de harnachement, de campement, actuellement en vigueur. Je chercherai à faire de cette unité un tout réunissant certaines conditions nouvelles qui, discutées et adoptées par des hommes plus compétents que moi, constitueraient autant d'améliorations que l'on pourrait introduire progressivement dans les régiments de cavalerie légère.

On ne saurait perdre de vue que la réunion de ces régiments en division ou en brigade reste toujours de première nécessité dans une armée fortement et sagement organisée.

CHAPITRE II.

La cavalerie est essentiellement une
troupe de choix, où rien de ce qui est
médiocre ne devrait être toléré.
(*L'armée française en 1867.*)

Composition. — Officiers et troupe.

L'escadron d'éclaireurs à cheval, destiné au service spécial des quartiers généraux, se composerait :

En officiers.

1° D'un *capitaine de première classe* commandant l'escadron. Au besoin, par suite de services rendus, ce capitaine, élevé au grade de chef d'escadrons, pourrait conserver son commandement. La question même de savoir si un *commandant* n'est pas préférable à un capitaine se pose naturellement à l'esprit. Ne voit-on pas souvent des difficultés survenir entre un capitaine, officier subalterne, et les états-majors ? Ces difficultés n'existeraient pas avec un commandant, officier supérieur, d'une autorité et surtout d'une considération et d'une influence plus grandes ;

2° D'un *capitaine en second* chargé, en temps de guerre, du dépôt de l'escadron, et, en temps de paix, des emplois remplis dans un régiment par le capitaine instructeur. Il aurait en même temps la direction des écoles, de la salle d'armes et des trompettes ;

3° D'un *lieutenant en premier* commandant le premier peloton ;

4° D'un *lieutenant en deuxième*, commandant le quatrième peloton ;

5° D'un *lieutenant en deuxième*, pouvant passer de *première classe* et chargé des emplois remplis dans un régiment par le capitaine trésorier, l'officier d'habillement, d'armement, et l'officier de casernement;

6° De quatre *sous-lieutenants*, placés dans l'escadron comme l'ordonnance le prescrit, le quatrième sous-lieutenant restant au dépôt en temps de guerre pour aider le capitaine en deuxième.

A chaque escadron seraient attachés pour le service médical et vétérinaire :

Un *docteur* du grade d'*aide-major*, qui marcherait avec la partie mobilisée de l'escadron en temps de guerre et qui joindrait à son service intérieur le service de l'état-major où serait détaché son escadron. Quant au dépôt, privé alors de docteur, il serait toujours placé dans une ville où se trouve soit une garnison, soit un hôpital, et le service y serait fait par un médecin détaché d'un régiment ou d'un établissement de santé.

Un *vétérinaire de deuxième classe*. Comme le docteur, il joindrait à son service d'escadron le service de la division où ce dernier serait détaché ; il serait remédié à l'absence du vétérinaire au dépôt par un moyen analogue à celui employé pour assurer le service médical.

L'escadron, en officiers ou assimilés au grade d'officier, se composerait donc de 2 capitaines, 3 lieutenants, 4 sous-lieutenants, 1 docteur, 1 vétérinaire, total 11.

Ces officiers seraient choisis dans tous les régiments de cavalerie parmi les plus aptes à répondre aux exigences de la cavalerie légère. Ils devraient avoir de la vigueur, de la santé, une certaine expérience de la guerre, et surtout de la jeunesse. Sans la jeunesse, il n'y a ni entrain ni audace, premières qualités du cavalier léger. Ces officiers détachés avec leur troupe dans les divisions pourraient, lors du dispersement de leurs hommes, remplir à un moment donné, avec intelligence et succès, les fonctions d'officier d'ordonnance près des généraux.

L'avancement courrait sur tous les escadrons : la loi actuellement en vigueur serait appliquée comme dans les bataillons de chasseurs à pied. Les capitaines concourraient pour le grade de chef d'escadrons avec tous les capitaines de l'arme.

En *sous-officiers*, l'escadron se composerait :

1° D'un *maréchal des logis chef* : même emploi que le titulaire de son grade dans un régiment ;

2° D'un *maréchal des logis fourrier ;*

3° D'un *brigadier-fourrier.* Mêmes emplois pour ces deux derniers que dans un régiment. Le fourrier en temps de guerre resterait au dépôt ;

4° D'un *sous-officier*, adjoint au lieutenant comptable, placé sous ses ordres et sa direction immédiate ;

5° De huit *sous-officiers de peloton*, deux par peloton, placés dans l'escadron suivant l'ordonnance. Les deux plus jeunes resteraient au dépôt en temps de guerre. L'un d'eux remplirait les fonctions de vaguemestre.

Cette organisation ne diffère de celle en vigueur que par la création d'un sous-officier comptable. Le brigadier-fourrier, placé ici parmi les sous-officiers, n'en serait pas moins brigadier pour rester plus complétement sous les ordres du fourrier.

Comme pour les officiers, on s'attacherait, dans le choix de ces sous-officiers, à prendre des hommes jeunes et instruits, des hommes qui dans la vie militaire verraient une carrière et un avenir et n'aspireraient pas au moment où l'acte de libération leur permettrait de rentrer dans la vie civile.

L'avancement courrait sur tous les escadrons et au choix ; deux places sur trois seraient réservées aux sous-officiers.

Il appartiendrait au ministre de la guerre de nommer à la troisième vacance, par permutation d'office.

soit un sous-lieutenant de l'armée moins ancien de grade que le plus jeune sous-lieutenant des escadrons, soit un sous-officier des différents corps de cavalerie, soit enfin un sous-officier des escadrons d'éclaireurs.

En ce qui concerne les officiers et les sous-officiers ; il y a, comme on voit, peu de différence avec l'organisation actuelle. Pour les brigadiers, la différence est plus sensible, et cela tient aux exigences d'un corps s'administrant séparément. Voici la composition en brigadiers :

Seize *brigadiers* : quatre par pelotons, en temps de guerre, quatre, au choix du capitaine, resteraient au dépôt. Ces derniers seraient choisis soit parmi les plus aptes à donner l'instruction , soit parmi les moins capables de marcher. Parmi ces seize brigadiers, un serait détaché à l'infirmerie des hommes, un autre à l'infirmerie des chevaux.

Jusqu'alors la composition est la même que la composition actuelle d'un escadron sur le pied de guerre. Voici maintenant en quoi elle diffère. A ces seize brigadiers viendraient s'ajouter :

1° Un *brigadier* attaché au bureau du lieutenant comptable du corps ;

2° Un *brigadier maître d'armes*. Une haute paye lui serait affectée, et il devrait donner gratuitement des leçons d'escrime et de contre-pointe, leçons obligatoires pour tous officiers, sous-officiers et cavaliers ;

3° Un *brigadier-trompette*, chargé de l'instruction et de la direction des trompettes. En temps de guerre, il pourrait être affecté spécialement au service du quartier général où serait détaché l'escadron ;

4° Enfin de quatre brigadiers placés sous la direction immédiate du lieutenant comptable : un *maître tailleur*, un *maître sellier*, un *maître bottier*, un *maître armurier*, assujettis aux mêmes obligations que les maîtres ouvriers sous-officiers des régiments et engagés à des conditions analogues.

Au total 23 brigadiers choisis, sauf les quatre chefs ouvriers, d'après les mêmes principes que les officiers et sous-officiers ; leur avancement serait le même que dans les troupes à cheval, sauf une vacance sur trois, dont le remplacement, par permutation d'office, resterait à la disposition du ministre de la guerre, qui pourrait nommer soit un brigadier, soit un sous-officier de l'armée ayant au moins trois ans de service actif.

En *trompettes*, l'escadron se composerait :

1° Du *brigadier-trompette* ;

2° De quatre *trompettes en pied*, un par peloton. En temps de guerre, le capitaine commandant en désignerait un pour rester au dépôt ;

3° De trois *élèves-trompettes*, dont un ferait toujours partie du dépôt.

Cela nous donne donc un effectif de huit trompettes par escadrons, dont cinq reçoivent une solde particulière.

Depuis la suppression des musiques, le nombre actuel des trompettes dans les escadrons d'un régiment est de six ; je considère cette augmentation de deux comme indispensable et d'une utilité qui couvre la dépense.

En effet, supposons que l'escadron agisse au complet ; supposons, par exemple, un mouvement de tirailleurs : n'est-il pas nécessaire que le capitaine commandant et chaque officier de peloton aient un trompette ?

Le brigadier-trompette serait avec le capitaine, quatre autres avec les quatre officiers de peloton, et le dernier serait destiné, en cas de mort, à remplacer le manquant. Un trompette ne se fait pas en un jour, et n'est-il pas juste de se précautionner contre tout accident ?

On peut objecter à ceci que l'escadron doit agir souvent à l'état fractionné. Par pelotons, un trompette est encore indispensable à chaque officier. Les pelotons étant fractionnés à leur tour, les trompettes resteraient alors à la disposition des généraux ainsi que leurs officiers. Ces trompettes bien exercés, qui, en peu de temps, auraient appris les refrains des différents corps placés sous les ordres des généraux, pourront leur être alors utiles en transmettant des ordres à tel ou tel corps indiqué clairement par le refrain de ce corps qui précédera et suivra toujours la sonnerie.

La ferrure n'est pas la partie la moins essentielle. Avec les chevaux arabes surtout, elle demande des hommes exercés et intelligents.

Je porterais à 6 le nombre des maréchaux.

Un maréchal en pied, engagé aux mêmes conditions que les maréchaux en pied des régiments et offrant des garanties vérifiées de savoir ; un maréchal en deuxième et quatre aides-maréchaux.

Tous seraient combattants et compteraient dans le rang. Le maréchal en deuxième et un aide-maréchal resteraient au dépôt.

Le maréchal en pied et trois aides-maréchaux suivraient l'escadron en campagne, et pourraient joindre à leur service particulier le service des chevaux d'officiers montés et d'ordonnances des quartiers généraux où ils seraient détachés.

Il manquerait quelque chose à l'escadron s'il n'avait pas sa *cantinière*.

Beaucoup de gens ne voient ici qu'un détail pittoresque et de fantaisie. Nous tenons, quant à nous, la cantinière pour fort utile.

En temps de paix et surveillée, elle débite à prix raisonnable des boissons non frelatées. Elle nourrit les sous-officiers.

Les hommes trouvent à la cantine, sans sortir du quartier, une petite amélioration aux ordinaires, et toujours une distraction aux occupations de la journée.

En guerre, c'est, il est vrai, un surcroît de bagages. L'animal qui conduit la voiture exige une ration de plus et un homme pour le soigner. Mais la cantinière n'est-elle pas un fournisseur réglementé, toujours à la portée du soldat, et ne l'a-t-on pas vue souvent, dans les moments critiques, soutenir le moral du combattant, réveiller son courage par son exemple, comme elle réveillait les forces du blessé par les cordiaux dont son bidon n'est jamais vide?

Les questions humanitaires sont à l'ordre du jour de ce siècle. L'armée n'est pas étrangère aux idées qui s'en dégagent, et, si elle ne peut en tirer que des applications fort restreintes, elle tient du moins à l'honneur de conserver et de développer dans la mesure du possible les institutions philanthropiques nées dans son sein.

L'escadron aura donc ses deux *enfants de troupe*.

Étudions maintenant l'escadron au point de vue des hommes appelés à en faire partie.

Il y a ici une question de choix des plus importantes.

Il ne suffit donc pas d'indiquer la composition brute de l'escadron : il faut encore étudier les conditions que devront remplir les cavaliers.

L'escadron compterait toujours : 1° 104 *cavaliers* parfaitement montés et exercés, tout prêts à marcher du jour au lendemain. Ces cent quatre cavaliers, avec les 12 brigadiers, les 4 maréchaux ou élèves maréchaux et les 8 ordonnances d'officiers, tous comptant dans le rang, formeraient un effectif de 128 sabres, 32 par peloton ;

2° 13 *cavaliers* à pied qui suivraient l'escadron ; deux par peloton, destinés à remplacer immédiatement un cavalier dont le cheval deviendrait disponible. Ces hommes emporteraient au grand complet leurs effets, marcheraient aux bagages avec les chevaux de main des officiers et la voiture de la cantinière. Les deux hommes en plus seraient employés au service de la popote des officiers et de leurs bagages.

Enfin 3 ouvriers selliers, bottiers, tailleurs.

3° 40 *cavaliers*, parmi lesquels les trois ordonnances des officiers du dépôt. Ils resteraient au dépôt comme réserve pour remplir les vides dans l'escadron de guerre. Au besoin, ils pourraient être envoyés dans un autre escadron que le leur, si cet autre escadron n'avait pas assez de cavaliers dans son dépôt pour couvrir ses pertes. Le même uniforme faciliterait ce changement ; la dépense serait insignifiante ;

4° 18 hommes à pied au dépôt. Parmi eux, quatre ouvriers adjoints aux brigadiers maîtres ouvriers, un prévôt d'armes, trois secrétaires adjoints au lieutenant comptable.

Ces hommes seraient choisis dans tous les régiments de cavalerie, et réuniraient les conditions de taille et de conformation exigées actuellement. Les cavaliers proposés devraient avoir trois ans de service effectif au moins et dix ans au plus. Ils sauraient au moins lire.

Je demande des hommes ayant trois ans de service, parce que ces hommes sont connus au corps où ils servent, et leur plus ou moins d'aptitude pour le cheval, pour le métier, est constatée.

Ces jeunes gens, d'ailleurs, possèdent dans toute leur plénitude cette vigueur et cet élan, cet entrain et cette audace qui sont le privilége de leur âge. Ces belles qualités sont précieuses dans toutes les armes; mais elles sont indispensables dans la cavalerie légère; elles forment, pour ainsi dire, l'essence de cette arme, et elles en constituent la force virtuelle. Plus d'une fois, elles nous ont donné la victoire.

Je demande en second lieu des hommes qui n'aient pas plus de dix ans de service, parce que, après cette période révolue, ces hommes n'ont pas plus de trente ans, et qu'il leur reste, pour terminer leur deuxième congé, quatre ans à faire. Ils sont donc, pour être exercés à leur nouveau service d'éclaireurs, dans les mêmes conditions que les hommes de vingt-trois ans. Comme eux, ils sont dans la plénitude de la force. Cette belle période de l'équilibre des facultés physiques s'étend, selon moi, pour le simple soldat de 24 à 35 ans.

Tout cavalier arrivé à 35 ans pourrait se rengager en remplissant les conditions exigées dans les corps : mais le capitaine commandant serait seul appelé à décider du renvoi ou du maintien dans l'escadron. Cet officier apporterait dans cette décision la plus grande sévérité. Pour peu qu'il doutât des forces physiques du rengagé, celui-ci serait versé dans un corps de cavalerie avec une récompense qui consisterait soit en un grade, soit en une somme d'argent. Le capitaine commandant proposerait la récompense, le ministre approuverait.

S'il faut d'anciens soldats dans un corps, il en faut en petit nombre. Ils apprennent bien aux jeunes gens à soigner leurs chevaux, à se nourrir, à camper en un mot : mais ils sont souvent revêches, raisonneurs, trop portés à croire que l'ancienneté constitue pour eux un droit au relâchement de la discipline.

Enfin, ils manquent d'élan et de vigueur ; ils alourdissent, si je puis m'exprimer ainsi, un régiment. On ne peut donc être trop sévère pour le troisième congé, tout en récompensant les vieux serviteurs.

Tous ces hommes sauraient au moins lire, et ceci n'est pas, certes, la condition la moins importante.

D'abord le service de plantons, qu'ils sont destinés à faire, l'exige. Mais c'est peu, et un soldat instruit est incomparablement meilleur qu'un ignorant.

Les idées de devoir, d'honneur, de patrie, de drapeau, ne s'épanouissent et ne se développent complétement que dans les intelligences qui ne sont pas dénuées de toute culture. Or, ces idées font aujourd'hui la force des armées : elles en relèvent le moral ; elles les rendent héroïques en exaltant chez elles le sentiment de fidélité à l'Empereur.

Ajoutons qu'un soldat instruit voit s'ouvrir devant lui une carrière bien délimitée, un avenir parfaitement défini. Il sait qu'il peut avoir de l'avancement et qu'il ne lui faut pour cela que de la conduite et du courage. Il n'ignore pas que, si ses forces venaient à l'abandonner avant l'heure de la retraite, il pourrait, grâce à son instruction, occuper une position que la sollicitude de l'Empereur a toujours trouvé moyen de réserver à ses fidèles soldats. Les finances, les palais impériaux, les chemins de fer, les télégraphes, etc., etc., offrent de précieuses ressources aux anciens militaires qui ont des connaissances suffisantes. Dans ces conditions, les vacances plus fréquentes exciteraient l'émulation, et l'escadron renouvelé resterait jeune.

Tous les hommes sauraient donc lire et suivraient à l'escadron des cours obligatoires, progressifs, sous la direction du capitaine en second.

On a dû remarquer que, dans l'organisation que je propose, il n'y a pas de *cavaliers de première classe*. La première classe, qui ne donne aucun emploi au titulaire, n'est faite que pour récompenser dans un régiment un cavalier dont le défaut d'instruction est un empêchement à l'avancement, aux grades avec emplois. Dans l'escadron, tous les hommes seront instruits plus ou moins, il est vrai, mais assez pour passer brigadiers.

Tous devront être assez exercés pour pouvoir faire des cavaliers de première classe modèles. La distinction en classes n'aura donc plus de raison d'être.

En résumé, l'escadron se composerait comme il suit :

Officiers : 9 officiers et 2 assimilés. — *Troupe* : 235 sous-officiers, brigadiers et cavaliers.

Cet effectif n'a rien d'exhorbitant. L'escadron ainsi composé ne sera jamais surpris par les événements, et, avec les cadres permanents et instruits, on pourra faire subir sans difficultés, dans le nombre des cavaliers, les changements que nécessite toujours le passage du pied de paix au pied de guerre, et réciproquement.

Composition de l'escadron d'éclaireurs (hommes).

DÉSIGNATION.	EN CAMPAGNE.	AU DÉPÔT.	EN GARNISON.
Capitaine en 1er.	1	»	1
Capitaine en 2e.	»	1	1
Lieutenant en 1er.	1	»	1
Lieutenants en 2.	1	1	2
Sous-lieutenants.	3	1	4
Docteur.	1	»	1
Vétérinaire.	1	»	1
Maréchal des logis chef.	1	»	1
Maréchal des logis fourrier.	»	1	1
Maréchaux des logis.	6	3	9
Brigadier-fourrier.	1	»	1
Brigadiers.	12	5	17
Brigadiers maîtres ouvriers.	»	4	4
Brigadier maître d'armes.	»	1	1
Brigadier-trompette.	1	»	1
Trompettes en pied.	3	1	4
Élèves trompettes.	2	1	3
Maréchal en 1er.	1	»	1
Maréchal en 2e.	»	1	1
Aides-maréchaux.	3	1	4
Ordonnances d'officiers.	8	3	11
Éclaireurs { à cheval.	104	39	143
{ à pied.	13	18	31
Cantinière.	1	»	1
Enfants de troupe.	»	2	2

CHAPITRE III.

Choix du cheval.

Le choix du cheval de cavalerie légère est une opération fort délicate et fort importante. Il s'agit de trouver un cheval léger, résistant, sobre, d'un caractère docile et d'une facilité à monter telle que, malgré le peu de temps qu'il reste sous les drapeaux, notre cavalier français puisse le conduire, s'en servir et en être complétement le maître.

Autrefois, avant le triomphe complet et définitif de cette tendance qui pousse à la production du cheval de luxe, du cheval de vitesse, on pouvait facilement trouver *notre cheval* dans toutes les races que possède la France.

La petite race bretonne, la race si célèbre du Limousin, la race de Tarbes, le cheval des Ardennes même, étaient aptes à la cavalerie légère. Aujourd'hui, sauf la race de Tarbes, qui résiste encore tout en perdant pied tous les jours, il nous est impossible de trouver à remonter toute la cavalerie légère dans les conditions de vigueur, de fond, de sobriété, de faci-

tés à conduire, sans lesquelles cette monture est iné-
vitablement défectueuse.

Heureusement, la France possède une merveilleuse
annexe, une belle et riche colonie, qui semble appelée
à compléter quelque jour la longue série des richesses
métropolitaines. L'Algérie fournit une race de chevaux indigènes, dont on a tant parlé qu'il n'est plus
possible d'en dire quelque chose de neuf. C'est un
sujet épuisé. Il n'est pas un homme de guerre qui ne
connaisse la race barbe.

Je ne puis donc, en en faisant l'éloge, que rentrer
dans des considérations devenues familières sur cet
excellent animal, qui offre, au plus haut degré, le
type du cheval de cavalerie légère.

Mais la race barbe, comme toutes nos races indigènes, n'a pas été à l'abri des tentatives d'amélioration plus ou moins intelligentes.

On a, l'esprit du siècle aidant, sacrifié souvent
l'âme à la forme, la vigueur à la taille. On a préféré,
comme étalons, des sujets présentant des formes cor-
rectes aux chevaux énergiques, qu'une irrégularité de
structure écartait du cheval type. Les essais ont été
malheureux, car la jument restait la même. On a ob-
tenu la taille : les chevaux dépassaient 1ᵐ.56, mais
au détriment de l'âme, de la santé, je dirai même de
la forme, attendu que ce qu'ils gagnaient en hauteur,
ils le perdaient en largeur de poitrine et de hanches.

Les cuisses restaient maigres, les jarrets étroits ; enfin, ils donnaient ce qu'on appelle vulgairement des chevaux claqués, des ficelles, d'un pauvre tempérament, d'une mauvaise constitution.

C'est qu'on ne perfectionne pas une race seulement par un accouplement plus ou moins bien entendu : il faut aussi que l'hygiène du cheval soit l'objet d'améliorations analogues. Sans l'accord complet de ces deux moyens, on n'obtiendra jamais que de piètres résultats.

J'admets qu'en Afrique, la patrie du cheval barbe, le premier de ces procédés ait été bien compris, bien appliqué. Le second a été complétement négligé. Le poulain resté aux mains de l'Arabe n'a été l'objet d'aucun soin nouveau ; il a continué à se nourrir de l'herbe, quelle qu'elle soit, que fait pousser la nature autour du douar ; il a été, sauf chez quelques chefs, soumis avant l'âge à des travaux stupides qui nuisent au complet développement de la forme, vicient la constitution générale, et sont des causes fréquentes de tares.

Un de nos généraux de cavalerie, bien connu par ses études sur le cheval, et qui joignait à un grand talent théorique une rare expérience, avait fait ressortir ces défectuosités du mode d'amélioration.

Il avait proposé, après avoir fait les études et choisi les terrains, d'établir dans chacune des trois pro-

vinces, Alger, Oran, Constantine, une vaste jumen-
terie ou plutôt poulinerie. Dans la pensée du fonda-
teur, les Arabes conservaient leurs juments et restaient
premiers producteurs. On achetait leurs produits dès
que ceux-ci n'avaient plus besoin de la mère. Elevés
dans les meilleures conditions, ils devenaient d'excellents chevaux de guerre dont le prix n'avait rien
d'exorbitant, parce que l'élevage en masse, confié à
des hommes habiles, permettait d'en abaisser la
moyenne dans une forte proportion. A l'âge de quatre
ans, c'est-à-dire à l'époque de la livraison aux régiments, ces chevaux ne coûtaient pas plus cher que le
cheval de même âge que l'on achète au propriétaire
arabe.

La production doublait, triplait même, car le poulain bien soigné ne mourait pas et était exempt des
tares que développe presque toujours le système
arabe.

Le propriétaire ne manquait jamais de faire produire sa jument, certain qu'il était d'avance d'en tirer
immédiatement et sans travail un profit encoura-
geant.

Bref, notre cavalerie légère, toute notre cavalerie
légère, c'est ma conviction, aurait pu, en quelques
années, être montée avec cet animal hors ligne.

Pourquoi ce projet n'a-t-il pas eu de suites?

Malgré les essais malheureux que j'ai rappelés, le

fond de la race a conservé son type, son caractère. Laissons de côté ces quelques chevaux qui ne font que paraître et disparaître dans nos régiments, et cherchons-y le véritable cheval barbe, celui qu'on y rencontre en plus grand nombre, le cheval de $1^m,44$ à $1^m,52$.

Le type de ce cheval est un corps bien proportionné, d'un aspect général qui annonce la force ; l'encolure est courte, le garrot et la hanche sont saillants. La croupe, avalée, il est vrai, est large comme la poitrine, qui de plus est profonde.

Les épaules sont longues et obliques, les flancs courts ; l'animal est bien membré, près de terre.

Cherchez dans un régiment quels sont les meilleurs chevaux, et presque tous, pour ne pas dire tous, rentreront dans ce type. C'est le cheval le plus accompli que l'on puisse trouver ; c'est donc le cheval que je choisirais pour monter une troupe d'élite, une troupe sur laquelle on pourrait toujours compter.

La vigueur, la résistance, la sobriété, la docilité, la modicité du prix, tels sont les avantages et les qualités qui recommandent la race barbe à l'homme de guerre.

Ceux qui ont fait campagne avec le cheval arabe savent avec quelle facilité il fait des routes sous le paquetage complet, souvent avec quatre jours de vivres pour le cavalier, avec quatre jours d'orge à quatre kilogrammes. Après une marche, même longue, arrivé au bivouac, qu'il s'échappe de la corde, et vous verrez les bonds de gaîté, les courses folles auxquels il se livrera ! Vous verrez avec quelle difficulté le rattraperont les cavaliers lancés à sa poursuite !

Je pourrais citer des courses fournies haut la main par un seul cheval ; on n'y croirait peut-être pas. Du moins, ceux qui ne connaissent pas cette race énergique les mettraient probablement au rang des phénomènes exceptionnels, tandis qu'il n'y a là que ce qu'un bon cheval arabe est apte à fournir normalement.

S'il est dur à la fatigue, il passe aussi facilement d'une température élevée à une température basse, d'un pays à un autre.

En Crimée, nos chevaux arabes ont traversé les deux hivers qu'a duré cette campagne. Le matin, les crinières et les queues de ces pauvres bêtes étaient transformées en autant de glaçons. Eh bien ! à peine étaient-ils détachés pour la promenade qu'ils se livraient à des bonds si étourdissants que les cavaliers parvenaient difficilement à les maintenir.

Tout le monde sait comment les chevaux de cuirassiers, de dragons, de hussards, et surtout les chevaux anglais, se comportaient pendant la même saison.

Le changement de climat n'influe en rien sur le tempérament du cheval arabe.

Le 3ᵉ régiment de hussards, monté en chevaux barbes, s'est trouvé, en l'espace de quelques mois, transporté de Laghouat, après treize mois d'expédition, à Maubeuge, limite nord de la France. Il vient de passer, dans cette dernière ville, un hiver des plus rigoureux.

Les résultats sont officiels, les chiffres sont des arguments qu'on ne peut réfuter.

Sur un effectif moyen de 675 chevaux, les pertes pour cause de maladie ne se sont élevées qu'au chiffre de six dans l'espace de temps écoulé depuis l'arrivée du régiment à Maubeuge, c'est-à-dire dans l'espace d'une année.

La sobriété du cheval barbe est bien connue. En garnison, il laisse toujours avec la ration de 4 kil. d'orge, 3 kil. de paille, 2 kil. de fourrage, de quoi lui faire une forte litière, et il conserve son embonpoint et sa longévité.

En est-il ainsi des autres races ?

Point du tout. Les individus qui en sont issus tombent souvent, par suite de l'insuffisance de nourriture, dans un état de prostration qui les condamne à la réforme. Et pourtant ces mêmes individus, mieux nourris chez le cultivateur, recouvrent promptement la vitalité qu'ils semblaient avoir définitivement perdue, et peuvent de nouveau fournir un bon service.

Je demanderai, en passant, si c'est, de la part de l'État, une économie bien entendue que cette insuffisance de la ration dans certains corps?

En campagne, j'ai vu le cheval barbe nourri avec du pain avarié, en guise d'orge, avec des feuilles de maïs coupées sur pied en guise de fourrage. Il s'arrangeait de ce régime débilitant, et l'on ne remarquait en lui ni disposition maladive ni déperdition de force.

Le cheval barbe est facile à panser, son poil soyeux reluit et miroite sous l'action d'un simple coup de brosse. Il n'exige aucun de ces soins minutieux qui prennent un temps que le cavalier peut mieux employer.

Mettez un enfant sur un cheval arabe : l'animal se laissera conduire : il galopera, s'arrêtera, reprendra sa course au gré du petit cavalier.

Placez dans le rang un cheval arabe de 5 ans, bridé et sellé : il marchera comme ses compagnons. Il se livrera peut-être à quelques bonds de gaieté, il prendra des allures de jeunesse plus décidées; mais je défie qu'on le reconnaisse à un signe quelconque de mauvais vouloir ou d'insubordination ; aussi, au régiment, devient-il superflu de le dresser. L'encolure est naturellement souple, trop souple quelquefois. Avec quelques soins bien entendus, quelques flexions de mâchoires, on obtient immédiatement un cheval tout dressé pour le service qu'on veut exiger de lui.

Dernière considération : la modicité du prix d'achat. Au prix moyen de 400 fr., on composera un ensemble de chevaux très-supérieur.

La question de prix est d'autant plus importante que l'on vise déjà beaucoup trop à l'économie quand il s'agit de la cavalerie. Cette arme cependant exige, pour être bonne, plus de dépenses que toute autre.

Eh bien ! le cheval arabe fournit seul le moyen de concilier ces deux exigences presque toujours contradictoires : qualité supérieure et modicité du prix.

A tant d'avantages, qu'oppose-t-on ?

La *taille* du cheval. Le cavalier qui le monte est, je le veux bien, dans un certain état d'infériorité vis-à-vis d'un ennemi monté en chevaux de race allemande ou anglaise ; mais je prétends qu'il trouve dans la vigueur, dans l'agilité de son cheval, dans la facilité de le manier, une compensation plus que suffisante pour égaliser les chances, et même pour mettre les meilleures de son côté.

Au reste, la taille n'est pour rien dans le service d'un cavalier isolé.

Deuxième objection plus grave : la nature du *sabot*. Les chevaux arabes sont sujets aux seimes, aux bleimes, c'est vrai ; mais il est à remarquer que ces seimes, ces bleimes éclatent surtout en garnison, et qu'en expédition, au bivouac, ces accidents ne se produisent que rarement.

On peut aussi, par les soins, par la ferrure, en diminuer de beaucoup la fréquence. En Europe, à Maubeuge, sur 675 chevaux en moyenne, le 3ᵉ hussards n'a eu dans un an que 36 de ces accidents. Il est d'ailleurs à remarquer que ce sont toujours les mêmes sujets qui en sont atteints. Cela montre quels résultats peuvent obtenir la sollicitude et l'intelligence de ceux qui sont chargés de l'hygiène du cheval dans nos régiments. Cela montre aussi quels progrès a faits la ferrure, cette partie si importante de l'art vétérinaire. Il n'entre pas dans le cadre limité de cette étude d'en parler; je ne pourrais que répéter ce qui a été si bien dit par quelques-uns de nos vétérinaires et de nos officiers de cavalerie. Qu'il me soit seulement permis de recommander tout particulièrement l'emploi du fer à planche pour le cheval barbe, prédisposé à ces accidents du pied. Ici, je ne fais que consigner un résultat que j'ai constaté *de visu* et après des expériences pour ainsi dire personnelles.

Enfin, dernière et troisième objection : le *hennissement*. Il est impossible de l'empêcher, tous les chevaux étant entiers. Ce hennissement, en annonçant la présence de la cavalerie, peut faire manquer une surprise. On leur reproche aussi l'*irascibilité* de leur caractère ; elle cause souvent des luttes dont le résultat peut être pour le cheval une fracture, une morsure qui amènent soit l'abatage, soit l'indisponibilité plus ou moins longue de l'animal ; pour le cavalier des coups de pied dont les conséquences peuvent être fort graves.

J'ai entendu proposer par des hommes compétents la castration du cheval arabe à un an. Sans aucun doute, c'est détruire complétement cette dernière objection. Mais la compensation est-elle suffisante ? En comparant, parmi les animaux passés à la domesticité, l'individu castré à celui qui ne l'est pas, je craindrais d'arriver pour le cheval aux mêmes conclusions que pour les autres espèces. Je craindrais que le cheval barbe ne perdît une partie de ces qualités dont j'ai parlé et qui en font un cheval supérieur.

Il y aurait une expérience à tenter sur des sujets pris dans les mêmes conditions de naissance et d'élevage. Elle eût pu se faire d'une manière concluante dans les poulineries dont l'établissement avait été projeté en Afrique. Pour ma part, je doute fort que le résultat eût été favorable à la castration. Le cheval resterait bon, supérieur même à nos chevaux hongres de race française. Il serait, je crois, inférieur à l'étalon. Peut-être servirait-il plus longtemps, quoique la carrière fournie actuellement par le cheval entier soit remarquablement longue. Mais il serait moins apte aux fatigues de la guerre, et on ne trouverait plus en lui les mêmes ressources. Donc, la compensation ne serait pas suffisante ; le but, dans tous les cas, ne serait pas complétement atteint.

Le cheval barbe, de provenance indigène, serait donc la monture de l'escadron d'éclaireurs. En jetant un coup d'œil sur le tableau qui suit ce chapitre, on verra que l'effectif est de 224 chevaux d'officiers et de troupe.

On remarquera aussi que l'officier en garnison, comme en campagne, a le même nombre de chevaux indiqué.

Si un cheval ne suffit pas à un officier de cavalerie en campagne, quand il monte toujours avec ses hommes, et que ce cheval n'a pas le poids du paquetage, lui suffira-t-il en garnison, où il est appelé à monter non-seulement pour l'instruction de ses hommes, mais aussi pour son instruction personnelle ? Je ne parle pas ici des promenades qu'il peut faire en dehors du service pour son propre agrément, quoiqu'on ne puisse jamais trop encourager un officier à monter à cheval.

Plus un officier aimera et pratiquera le cheval, plus il cultivera l'art de l'équitation, plus il se conservera longtemps apte au service de la cavalerie légère, service qui demande un entraînement continuel, une absence complète d'infirmité, d'obésité.

Enfin, je le répète, et on le verra au chapitre de

l'instruction, un seul cheval ne peut suffire au travail qu'on exigerait d'un officier.

La seule objection à faire, l'objection éternelle, c'est l'augmentation de dépenses. Il reste à juger si ces dépenses ne sont pas utiles et productives.

Au chapitre du campement, on verra pourquoi l'on trouve aussi trois mulets portés sur le tableau.

L'effectif de l'escadron serait donc de 24 chevaux d'officiers, 197 chevaux de troupe et 3 mulets. Total, 224 rations par jour en garnison. Comme on le voit au tableau, 162 chevaux partiraient en campagne, 62 chevaux resteraient au dépôt, 22 pour monter les officiers, sous-officiers et brigadiers, etc., qui en font partie, 40 pour exercer les cavaliers destinés à combler les vides que peut faire la guerre dans la partie active de l'escadron.

Composition de l'escadron d'éclaireurs (chevaux).

DÉSIGNATION.	EN CAMPAGNE.	AU DÉPÔT.	EN GARNISON.
Capitaine en 1re.	3	»	3
Capitaine en 2e.	»	3	3
Lieutenant en 1er.	2	»	2
Lieutenants en 2e.	2	2	4
Sous-lieutenants..	6	2	8
Docteur..	2	»	2
A reporter	15	7	22

Composition de l'escadron d'éclaireurs (chevaux) (suite).

DÉSIGNATION.	EN CAMPAGNE.	AU DÉPÔT.	EN GARNISON.
Report	15	7	22
Vétérinaires	2	»	2
Maréchal des logis chef	1	»	1
Maréchal des logis fourrier	»	1	1
Maréchaux des logis	6	3	9
Brigadier-fourrier	1	»	1
Brigadiers	12	5	17
Brigadiers maîtres ouvriers	»	»	»
Brigadier maître d'armes	»	»	»
Brigadier-trompette	1	»	1
Trompettes en pied	3	1	4
Élèves trompettes	2	1	3
Maréchal en 1er	1	»	1
Maréchal en 2e	»	1	1
Aides-maréchaux	3	»	3
Ordonnances d'officiers	8	3	11
Éclaireurs { à cheval	104	40	144
Éclaireurs { à pied	»	»	»
Enfants de troupe	»	»	»
TOTAUX	159	62	221
MULETS.			
Voiture de la cantinière } Bagages de l'escadron }	3	»	3

CHAPITRE IV.

Les impedimenta de la guerre maintenus sous tant de formes, malgré leur incommodité évidente, en vertu de la tradition ou pour exciter l'admiration de la foule.

(*L'armée française en 1867.*)

Habillement.

L'habillement est, dans le soldat, ce qui parle le
plus aux yeux des gens qui ne sont pas du métier.
Toujours on a sacrifié le fond à l'apparence, l'utilité
à l'éclat. On semble aujourd'hui revenir au positif,
c'est-à-dire à la commodité et aussi à l'économie.
C'est un vrai progrès que de laisser de côté les fari-
boles et fanfreluches qui plaisent, je le veux bien,
mais ne servent qu'à alourdir et à retarder la marche.

Pour être rationnel, l'habillement des éclaireurs à
cheval se composerait de :

> 2 tuniques,
> 1 criméenne,
> 1 culotte d'ordonnance,
> 1 pantalon d'ordonnance,
> 1 bonnet de police.

1° *La tunique* est un vêtement fort commode, et
celui vers lequel, à cause de sa simplicité, se portent
toutes les modifications actuelles; c'est celui qui s'ap-
plique le mieux à toutes les armes. Il a l'avantage de
rendre possible le port de l'épaulette, cette excellente

arme défensive. La tunique est plus courte dans la cavalerie que dans l'infanterie, mais les pans n'en suffisent pas moins à cacher la partie supérieure du pantalon, que la selle use vite, et ils garnissent le cavalier vu de dos. Sans la jupe de la tunique, le cavalier sera trop nu, si, comme je le fais, on supprime complétement la sabretache et les trois courroies qui la supportent.

La tunique serait en drap bleu de roi, à deux rangées de boutons étamés, droites sur la poitrine. Les boutons porteraient le numéro de l'escadron : il y en aurait six par derrière. Une rangée suffirait, mais la tunique à deux rangs de boutons a toujours été le vêtement de la cavalerie, et, sans grand surcroît de dépense, on peut laisser subsister cette disposition qui est du meilleur effet et qui garnit la poitrine.

Le cavalier n'aurait pas de *veste d'écurie;* une tunique n° 2 lui en tiendrait lieu.

2° *Criméenne.* — Tout le monde connaît ce vêtement qui a rendu de si importants services dans la guerre de Crimée. Pendant les deux hivers, officiers et soldats en furent pourvus, et maintenant presque tous les officiers en préfèrent l'usage à celui du manteau. Ce fait est concluant et me dispense de toute comparaison avec le manteau d'ordonnance.

Cette criméenne serait en drap bleu de roi, comme la tunique, à deux rangées de boutons étamés, et doublée en drap garance. Elle serait à capuchon avec une fente par derrière, se boutonnant à volonté pour en faciliter l'usage à cheval : le tout assez ample pour couvrir le cavalier avec sa coiffure et son paquetage.

Le ceinturon et le fusil en bandoulière pourraient se porter par-dessus. A cheval, l'homme serait complétement couvert, la crimécnne descendant assez bas pour atteindre les bottes.

La crimécnne se roule aussi facilement que le manteau, et elle se place comme lui, quand elle est roulée, sur le devant de la selle.

C'est de cette manière qu'en Afrique, par le beau temps, tous les officiers portaient ce vêtement attaché sur leurs fontes.

La crimécnne serait un préservatif contre la pluie et le froid, au bivouac, en route ou en faction ; et si, par hasard, le cavalier était obligé de camper sans sa tente, elle lui serait du plus grand secours pour passer les nuits à la belle étoile.

Le grade se porterait sur l'extrémité de la manche : étoiles en argent pour les officiers ; moitié argent et laine rouge pour les sous-officiers ; laine rouge pour les brigadiers.

3° *Culotte.*—Une culotte basanée, en drap garance, avec bande bleu de roi. Cette culotte serait large et laisserait libres tous les mouvements à pied et à cheval.

4° *Un pantalon.* — En drap garance, avec bande

bleu de roi. Ce pantalon serait porté à pied. En campagne, il resterait toujours au dépôt. Une fois à bout
de service, il serait basané et, après cette transformation, il deviendrait culotte nº 1, remplaçant ainsi
le nº 1, qui deviendrait alors culotte de corvée.

5º *Bonnet de police.*—Après la campagne d'Italie, la
forme du bonnet de police autrichien fut adoptée. Ce
fut une heureuse idée. Cette coiffure à soufflet, avec
des oreillères, est pour le soldat des plus conforta-
bles. Au bivouac, la nuit, on se préserve du froid
sur les oreilles, où l'on peut, en rabattant un côté sur
les yeux, se préserver des courants d'air auxquels on
est toujours exposé lorsqu'on couche à ras du sol,
sous une tente. Cet avantage est précieux, car les courants d'air causent souvent des ophthalmies qui mettent le soldat hors de combat.

Les yeux, me dira-t-on, ne sont pas préservés le
jour contre le soleil? Sans doute, il n'y a pas de visière. Mais les zouaves et les chasseurs d'Afrique
ont-ils des visières à leur chechia, dans un pays où
le soleil est autrement ardent qu'en Europe? Ils ne
s'en plaignent pas.

Si le bonnet de police de forme autrichienne ne
servait qu'à l'usage auquel il est destiné, cet inconvénient de l'absence de visière serait nul. Si l'on don-
nait à nos troupes une coiffure de campagne, légère,
commode et en même temps défensive, nos soldats

ne s'en débarrasseraient pas de suite pour la remplacer, comme ils le font, par le bonnet de police. Or, le bonnet de police, en dehors de son utilité spéciale, devient une coiffure incommode pour les marches, pour la guerre, et les soldats lui donnent même un aspect ridicule en y adaptant une visière.

Le bonnet de police serait à soufflet et à oreillères ; le tout en drap bleu de roi. Des étoiles comme celles de la criméenne, placées sur le devant, indiqueraient le grade.

Les grades étant ainsi marqués sur la criméenne, sur le bonnet de police et, comme je l'indiquerai, sur les épaulettes, on pourra les distinguer dans toutes les positions possibles, ce qui n'arrive pas toujours dans les tenues actuelles de notre armée.

La *calotte en drap*, dite d'*écurie*, serait supprimée ; elle ne sert qu'à charger l'homme d'un effet de plus ; elle n'existe pas dans les régiments de chasseurs d'Afrique. Les chasseurs n'ont que leur phécy, qu'ils portent en route sur la poitrine, sous la veste, et qu'ils mettent aussitôt qu'ils arrivent au bivouac, sans avoir besoin de défaire leur paquetage. Les éclaireurs en campagne porteraient leur bonnet de police de la même façon.

La durée de ces différents effets serait la même que celle affectée aux effets correspondants actuellement en service dans les régiments de cavalerie de la garde.

CHAPITRE V.

En dehors et au-dessus de l'effet
matériel, l'inégalité de l'armement,
jugée à l'avance par les troupes, produit un effet moral de confiance pour
celles-ci, de doute pour celles-là, qui
est presque invincible.

Quand le progrès sera porté au
comble, il est évident que par un sin-
gulier revirement des idées, les armées devront recourir comme autrefois aux armes défensives.

(*L'armée française en* 1867.)

Armement.

Autrefois tout homme de guerre portait des armes offensives et défensives ; ces dernières jouaient même un rôle très-important. Les guerriers étaient bardés de fer et se servaient de boucliers. De nos jours, on semble trop avoir oublié les armes défensives ; elles n'ont plus, il est vrai, depuis les armes à feu, la même importance qu'autrefois, mais un cavalier, surtout un cavalier léger, doit-il en être complétement dépourvu ? Ne lui seraient-elles pas d'une grande utilité dans un combat à l'arme blanche, genre de combat où il est appelé souvent à figurer ?

Je distinguerai donc les armes en offensives et dé-fensives.

1° *Armes offensives :*

    Le fusil,
    Le pistolet,
    Le sabre.

2° *Armes défensives :*

    La coiffure,
    Les épaulettes,
    Les gants.

Dans l'organisation actuelle, les gants et la coiffure ne sont, à proprement parler, que des effets de première nécessité. Mais avec de légères modifications, on en ferait facilement des armes de défense.

Armes offensives.

A. *Le fusil.*— La question du fusil a été souvent discutée. Les uns sont pour cette arme, les autres contre. En réalité, ni les uns ni les autres ne sont dans le vif de la question. En ce qui concerne l'arme actuellement en usage, modèle 1822 transformé, bis, rayé, je suis le premier à reconnaître que les objections suivantes sont irréfutables.

Le fusil est lourd, il pèse 3 kil. 500 gr. À cheval, en marche, et surtout dans un combat, il est difficile, je devrais dire impossible, au cavalier de recharger son arme, laquelle ne reste plus entre ses mains que comme un bâton gênant dont il se débarrasse bientôt.

Ces seules objections sont suffisantes pour faire rejeter le fusil de dragon. Mais s'en suit-il que le rejet du fusil doive être absolu ?

Non, car le fusil, modifié comme je vais le dire, est une arme à longue portée qui permettra au cavalier de tenir l'ennemi à distance. Dans une retraite, quelques cavaliers, à l'arrière-garde, maintiendront une troupe qui les poursuivra. Enfin, le fusil porté en bandouillère deviendra une arme défensive qui, dans une mêlée, protégera encore l'homme d'un coup de sabre.

En Italie, la veille de Solferino, un escadron de chasseurs d'Afrique en reconnaissance fut forcé d'évacuer Médole, village qu'il occupait avant le retour offensif des Autrichiens. Cet escadron se retira en bon ordre sur une chaussée, suivi par tout un régiment de hulans. Pourquoi se retira-t-il si facilement ? Parce qu'une arrière-garde de 12 hommes maintenait la tête du régiment ennemi à 300 mètres avec le fusil. Chaque décharge tuait ou blessait un homme ou un cheval, et forçait ainsi la tête de colonne à s'arrêter. En revanche, les balles des adversaires, armés de longs pistolets, n'arrivaient sur nous qu'à peine et en ricochant, et n'étaient nullement dangereuses.

En Afrique, jamais un escadron d'arrière-garde, armé de fusils, n'a été inquiété ; les Arabes, qui connaissent parfaitement la portée de ces armes, viennent bien tirailler, mais à de trop longues distances pour faire du mal.

Enfin à Rivalta, en Italie, dans une mêlée avec les hussards hongrois, plusieurs chasseurs d'Afrique ne furent préservés de vigoureux coups de sabre que par les fusils qu'ils portaient en bandouillère et dont les canons étaient sillonnés de profondes entailles faites par le sabre ennemi.

Le mousqueton rayé d'artillerie, transformé en fusil

se chargeant par la culasse, dont le poids est actuellement de 2 kil. 555 gr., offrirait tous les avantages du fusil de dragon sans avoir ses inconvénients.

Le cavalier porterait toujours ce mousqueton en bandouillère ; l'usage de la *botte* serait complétement supprimé. Pour sortir le fusil de la botte, n'y eût-il qu'à défaire la courroie, on perd un temps précieux. De plus, cet usage gêne le cavalier dans la marche botte à botte. Il n'en est pas ainsi quand l'arme est en bandouillère : alors un simple mouvement le met en joue. La bretelle bien ajustée en rend d'ailleurs le port très-facile. Tout cavalier exercé préfère cette seconde manière.

On prétend que l'habit du cavalier s'use par le frottement de l'arme. C'est vrai jusqu'à un certain point, mais l'usure est pour ainsi dire insignifiante, et ne saurait influer sur la durée réglementaire du vêtement.

B. *Pistolet*. — Comme le fusil, le pistolet est aujourd'hui d'un usage difficile, sinon impossible (1). Comment veut-on que, dans l'action, un cavalier se souvienne que, pour charger son arme, il doit remplir de poudre le creux de sa baguette, puis jeter cette

---

(1) Une décision récente vient d'en abolir l'usage dans la cavalerie légère.

poudre et mettre le reste dans le canon? Non-seulement il ne s'en souviendra pas, mais quand même il s'en souviendrait, il ne pourra pas accomplir cette opération en temps utile, parce qu'elle est trop compliquée et exige trop de calme.

Le *revolver*, adopté par presque toutes les nations, et adopté chez nous par tous les officiers, doit donc remplacer le pistolet modèle 1822 transformé bis.

Inutile de présenter ici les avantages si connus de cette arme. Signalons seulement la seule objection un peu sérieuse que l'on ait faite contre son admission : la difficulté d'entretien, le dérangement fréquent.

Il y a là un inconvénient réel. Mais les perfectionnements qu'on ne cesse d'apporter à la fabrication des revolvers, l'atténuent de jour en jour. Cet inconvénient disparaîtra même complétement, quand le revolver sera entre les mains de cavaliers soigneux, qui comprendront les immenses services que cette arme peut leur rendre.

Le propre du revolver est de rehausser le moral. Un cavalier qui se sent six coups dans la main, pénétrera plus hardiment dans un groupe, chargera plus franchement l'ennemi que s'il n'a qu'un pistolet à un seul coup, susceptible même de rater.

Se sentir aussi bien armé que son adversaire, c'est là une des premières conditions du succès. Si l'on avait encore pu douter de cette vérité, la dernière guerre d'Allemagne l'aurait démontrée.

Le cavalier porterait son revolver dans une *gaîne* passée au côté gauche du ceinturon. L'arme y serait attachée par une lanière assez longue pour n'en pas gêner le maniement et destinée à la retenir en cas de chute.

Le port du pistolet actuel ne présente que des inconvénients. Supposons le cavalier démonté : l'arme reste dans la fonte avec le cheval, et l'homme n'a plus que son sabre et son fusil en bandouillère pour se défendre, car il est bien difficile d'admettre qu'il puisse toujours, même si le cheval est mort, tirer le pistolet de la fonte et couper la lanière qui l'y retient. Or, il est bien reconnu qu'un cavalier à pied, armé de son sabre, ne peut lutter avec avantage contre un fantassin, armé d'un fusil à baïonnette, ou contre un cavalier à cheval. Avec le revolver à la ceinture, il pourrait, quoique démonté, en faire immédiatement usage, sans se priver pour cela de son sabre.

Cette façon de porter le revolver a été adoptée par tous les officiers qui se servent de cette arme. Les cavaliers arabes portent, contrairement à nous, le sabre attaché à la selle, le fourreau passé sous la fonte côté montoir, la poignée à hauteur de l'épaule du cheval et à portée de la main et le pistolet à la ceinture. Il en est ainsi chez eux de temps immémorial.

C'est une vraie supériorité qu'ils ont sur nous. Mais ce système prive de son sabre le cavalier démonté. Nous croyons avoir indiqué le seul moyen de prendre aux deux méthodes ce qu'elles ont d'avantageux.

C. *Sabre*. — Le sabre actuellement en service dans la cavalerie légère, modèle 1822, est une arme excellente, qu'on doit conserver. Il permet au cavalier de *pointer*, genre d'attaque supérieur et fort recommandé. De plus, la légère courbure de la lame permet aussi *le coup de sabre*. La poignée seule, au lieu d'être en cuivre, serait en acier étamé, tous les cuivres étant exclus de l'armement, du harnachement, etc., des éclaireurs, même pour les garnitures du mousqueton d'artillerie. La raison de cette exclusion, c'est que le cavalier se trouve par là débarrassé et allégé des ustensiles nécessaires à l'entretien des cuivres.

Rien ne serait changé à la manière de porter le sabre ; il serait tenu au ceinturon par deux belières.

Armes défensives.

Les armes défensives paraissent répugner à notre siècle. On a l'air de les considérer comme des précautions dictées par la poltronnerie. Et pourtant, non-seulement elles n'excluent pas la bravoure, mais elles l'excitent.

Autrefois les plus braves chevaliers se bardaient de fer. Sans remonter si haut, un ancien sous-officier de chasseurs à cheval du premier empire, chevalier de la Légion d'honneur, habitant Eymoutiers, nous disait : qu'en campagne, ceux qui avaient de l'argent, mettaient un cercle de fer dans leurs talpacks pour se préserver des coups de sabre. Or, demandez à l'Europe, qu'ils ont parcourue en vainqueurs, si ces hommes étaient braves !

Les coiffures actuelles de la cavalerie légère sont peut-être d'un joli effet, mais elles sont sûrement incommodes, et nullement préservatrices. Au bout de quelques mois de campagne, les poils tombent, elles deviennent ridicules et jamais elles ne garantissent ni du soleil, ni des coups de sabre sur les yeux, sur les oreilles, sur la nuque ; à peine peuvent-elles préserver le sommet de la tête.

A. Ces coiffures seraient donc remplacées par un *casque en cuir fauve*, copie modifiée du casque prussien.

La carcasse de ce casque se composerait de deux demi-ellipses s'appuyant sur un cercle qui aurait la forme de la tête. Le tout serait en fer. Cette carcasse résistante et capable de parer un coup de sabre, serait recouverte en cuir fauve verni. Une visière préserverait les yeux, une autre la nuque et les oreilles.

Les intervalles des ellipses seraient recouverts extérieurement par des ornements, et le sommet se terminerait par un cimier pourvu d'un ventilateur. Des garnitures borderaient les visières ; une gourmette servirait de jugulaire, sur le devant, l'aigle impériale tiendrait dans ses serres un médaillon où serait découpé le numéro de l'escadron. Tous ces accessoires seraient en fer étamé pour la troupe, en argent ou en fer argenté pour les officiers. Dans la grande tenue, un *plumet* en crin noir, retombant de tous côtés, se placerait au cimier du casque.

Mais ce casque est prussien? Je le sais. Est-ce donc une raison pour ne pas l'adopter? Les étrangers hésitent-ils à nous emprunter ce que nous avons de bon? Pas de faux amour-propre! D'ailleurs n'avons-nous pas déjà accueilli, sans autre raison que l'agrément et malgré l'incommodité, le schapska, le colback, etc., et, plus récemment, le bonnet de police de forme autrichienne, dont l'adoption constitue, comme je l'ai dit, une heureuse réforme?

B. *Les épaulettes.*—Les épaulettes sont destinées à préserver les épaules d'un coup de sabre. Je choisirais celles qu'avaient autrefois les chasseurs d'Afrique, une bande de cuir fauve recouverte d'une gourmette en fer étamé, terminée par une ellipse mobile de même métal. Cette mobilité de l'ellipse permettrait à l'homme de se coucher sans ôter les épaulettes (1).

---

(1) Peut-être serait-il préférable de supprimer complétement cette ellipse, rendue nécessairement mobile, au détriment de sa solidité. L'épaulette proposée serait remplacée par une simple patte, recouverte d'une gourmette. Les grades s'indiqueraient alors sur le col de la tunique (X...).

Pour les officiers, les épaulettes seraient en argent ou en fer argenté.

Des étoiles placées sur l'ellipse rendraient les grades assez visibles pour le service, mais pas assez pour désigner à l'ennemi les officiers sur lesquels il doit de préférence diriger ses coups.

C. *Gants.*—Les gants seraient garnis de crispins en cuir fauve, qui se joindraient au corps du gant au moyen d'une gourmette en fer étamé ; une agrafe aux extrémités de la gourmette remplacerait le bouton. La main de la bride, but des coups de sabre de tout cavalier exercé, serait ainsi préservée.

En résumé, les armes défensives dont je donne la description sont tout simplement des effets que possède déjà chaque cavalier, et auxquels de légères modifications peuvent faire remplir un double but.

Peut-on nier l'utilité de ces modifications ? Parmi de nombreux exemples, je cite ce qui est arrivé à Rivalta dans une rencontre entre des chasseurs d'Afrique et des hussards hongrois. L'officier français qui donna le premier reçut deux coups de sabre qui mirent l'un, la cervelle à nu, l'autre, l'épaule à bas ; ces deux blessures furent mortelles. L'auraient-elles été, si l'officier avait porté une coiffure résistante au lieu de la casquette molle (képy), et s'il avait eu des épaulettes ? Les hommes blessés dans ce combat l'étaient principalement à la tête et aux poignets ; la casquette dure en carton des chasseurs d'Afrique, coupée comme avec un rasoir, avait été d'une résistance insuffisante pour les protéger complétement. S'ils avaient porté une coiffure solide, les blessures à la tête eussent probablement été nulles. Les crispins avec la gourmette les eussent de même garantis contre ces entailles douloureuses du poignet, qui privent le cavalier de la faculté de conduire son cheval, et le mettent ainsi hors de combat.

Chaque cavalier aurait aussi un *nécessaire d'armes*, chaque brigadier un *monte-ressort*, etc.

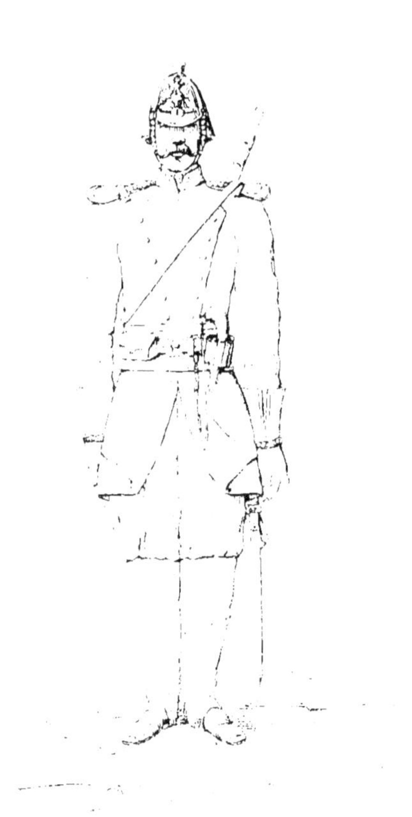

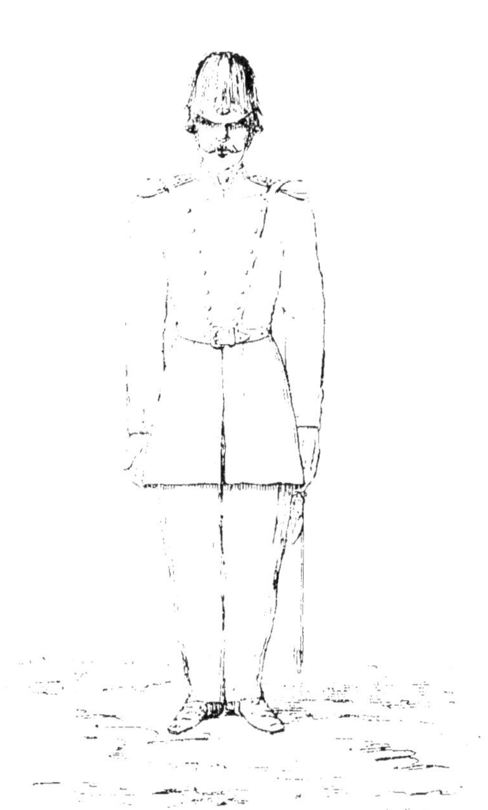

Tenue de Campagne. Cavalerie.

CHAPITRE VI.

Les armées, on l'oublie trop souvent, sont faites pour la guerre, et cette grande loi de la simplicité s'impose impérieusement à tous les faits qui règlent l'existence et l'action des troupes en campagne.

Il faut alléger le cavalier.

(L'armée française en 1867.)

Grand équipement.

Les effets compris dans la catégorie du *grand équipement* seraient :

> Le casque,
> Les épaulettes,
> Les crispins,
> Le ceinturon,
> La dragonne,
> La bretelle de fusil,
> Le couvre-platine.

Dans la cavalerie légère, parmi les effets de cette
catégorie encore en service, se trouvent :

> La sabretache,
> La giberne,
> Le porte-giberne,
> Le portemanteau.

Ces derniers effets seraient complétement suppri-
més.

La sabretache n'est qu'un ornement gênant à pied,
et d'un entretien qui demande beaucoup trop de temps.
Donnez à un planton à cheval un pli à porter : il ne
le placera jamais dans sa sabretache, parce qu'il aura
peur de le perdre en l'éloignant de sa personne. Au

lieu de se servir d'une poche étroite et peu sûre, il aimera mieux mettre le pli sur sa poitrine. Ajoutons que le poids de la sabretache avec ses courroies, est de 900 grammes.

La giberne est d'un usage incommode: on peut y placer quelques cartouches, mais il est difficile de les en retirer. La giberne ramenée en avant tend à se rejeter en arrière : aussi le cavalier préfère-t-il toujours mettre ses munitions dans sa poche, au risque de les détériorer.

La suppression de la giberne entraine naturellement celle du *porte-giberne*.

Le poids de ces deux objets est de 1 kil. 120 gr. La *cartouchière*, qui les remplacerait et qui serait adaptée au côté droit du ceinturon, serait d'un poids insignifiant.

Le portemanteau n'existe pas dans les régiments de chasseurs d'Afrique ; son poids de 150 grammes est peu de chose, mais est encore trop lourd, relativement à l'utilité du rôle que remplit cet effet dans le paquetage.

Par ces suppressions, le poids total dont le cavalier et le cheval se trouveraient allégés serait donc de 2 kil. 770 grammes. Cette considération est à elle seule déterminante.

Parmi les effets que les cavaliers conserveraient, nous avons décrit, au chapitre de l'armement, le casque, les épaulettes et les crispins. Il nous reste à décrire :

Le ceinturon en cuir fauve : il aurait la même forme que le ceinturon actuel. Il en serait de même pour les deux bélières : seulement, au lieu de s'attacher par un crochet, le ceinturon se bouclerait au moyen d'une boucle à ardillon fixée au petit côté, dans laquelle boucle s'engagerait l'extrémité du grand côté percée de trous. On comprend l'avantage de cette modification, qui permet au cavalier de serrer ou de relâcher le ceinturon sans le démonter.

A ce ceinturon l'on adjoindrait, au moyen d'un passant fixe, au petit côté (gauche), la *gaîne* pour contenir le révolver ; au grand côté (droit), la *cartouchière* remplaçant la giberne. Ces deux effets seraient en cuir fauve. La cartouchière serait assez longue pour porter sur tout le côté gauche du ceinturon.

Le ceinturon se bouclerait par-dessus la tunique. En tenue de ville, la gaîne et la cartouchière s'enlèveraient facilement : en campagne, le ceinturon se bouclerait par-dessus une ceinture en laine rouge dont je parlerai, ou bien encore par-dessus la crimécnne. Ces différentes manières, grâce à la boucle, ne demandent aucune transformation des côtés et permettent au ceinturon d'être toujours ajusté.

La dragonne. — Celle en usage serait conservée : seulement elle serait en cuir fauve. Cette dragonne est peu commode : aussi ai-je toujours vu, au moment d'une affaire, passer un mouchoir dans la poignée du sabre. C'est un excellent moyen, qu'on peut facilement mettre en pratique à un moment donné, mais qu'on ne peut pas, cela se conçoit, prescrire comme uniforme.

Même *bretelle de fusil*, mais toujours en cuir fauve.

Le *couvre-platine* modifié de façon à être adapté au fusil se chargeant par la culasse.

On remarquera que tous les effets sont en cuir fauve, et cela parce qu'ils sont plus faciles à entretenir que les mêmes effets blanchis ou cirés. Dans tout le matériel de l'éclaireur à cheval, tous les cuirs sont fauves, de sorte qu'en campagne il suffira d'une éponge avec une boîte à graisse pour bien les entretenir. Deux buts importants sont donc atteints par cette simple substitution : économie de temps d'abord, et ensuite diminution de poids résultant de la suppression des brosses et boîtes nécessaires pour blanchir ou cirer.

CHAPITRE VII.

Moins un cavalier a d'effets, plus il
les soigne, plus il est propre, plus il
est disponible.

Général de ......

Petit équipement.

Donnons d'abord la nomenclature des effets compris dans la catégorie du petit équipement.

Parmi ces effets, plusieurs sont actuellement en service et adoptés dans les régiments. Je ne parlerai pas de ces derniers. Quant aux autres, j'essaierai, en peu de mots, d'en démontrer la nécessité. J'insisterai particulièrement sur le double avantage que l'on retirerait de leur emploi, soit au point de vue de la commodité, soit au point de vue de la légèreté.

Tout éclaireur posséderait :

2 pantalons de treillis,
2 blouses,
2 caleçons,
1 paire de bretelles,
1 ceinture en laine rouge,
2 ceintures de flanelle,
1 paire de grandes bottes fauves,
1 paire de bottines,
1 paire de souliers,
2 paires de gants,
3 chemises,
2 cravates,

1 livret,

1 couvre-casque,

1 support de casque,

1 plumet en crin,

1 étui de plumet,

2 mouchoirs de poche,

1 peigne à décrasser,

1 boîte à graisse,

1 boîte à cirage,

1 brosse à habit,

2 brosses à cirage,

1 patience,

1 boîte pour le blanc,

1 brosse à frotter,

1 courroie de crinière,

2 musettes,

1 musette-mangeoire,

1 brosse en chiendent,

1 éponge,

1 corde à fourrage,

1 sac à distribution,

1 trousse complète.

A l'exception d'une *blouse*, d'une *chemise*, de la paire de *bottines*, du *couvre-casque* et du *support de casque*, des *boîtes et brosses à cirage*, le cavalier emporterait en campagne tous les autres effets. Dans le chapitre sur le harnachement et le paquetage, l'on verra avec quelle facilité tous ces effets se placeront sur la selle, sans embarrasser le cavalier, sans produire un effet désagréable à l'œil, et enfin sans gêner le placement des effets de campement que possédera chaque homme en particulier, ou chaque réunion d'hommes.

Les effets dont il me reste à parler sont :

Deux pantalons de treillis, deux blouses. — Ces effets sont d'un usage commode pour les corvées et les exercices d'intérieur du quartier. En dehors du service, des manœuvres et des sorties en tenue de ville, les cavaliers seraient toujours en blouse et pantalon de treillis. Pendant l'hiver, en garnison, ils auraient ces effets par-dessus la culotte et la tunique n° 2 : au bivouac, par-dessus la culotte et la tunique n° 1. Ce sont là les seuls vêtements qu'ils auraient emportés, et ils en ménageraient ainsi la durée. Comme on le voit, indépendamment de la commodité, on trouve encore ici l'économie.

Une ceinture en laine rouge. — La ceinture est indispensable au troupier. Il le reconnaît tellement lui-même, que j'ai toujours vu un homme se priver de son argent de poche pour s'acheter cet objet. On encourage cette tendance. Malheureusement, il n'y a encore que les zouaves, les turcos et les spahis chez lesquels la ceinture fasse partie de l'uniforme.

La ceinture préserve l'homme de la dyssenterie. Il la porte roulée autour des reins, le soir, la nuit, le matin, pour abriter le ventre contre le froid et l'humidité. Le jour, il la conserve également pour éloigner le contact immédiat du ceinturon, dont le poids augmente de celui du sabre, du révolver, de la cartouchière garnie, fatigue toujours au bout d'un certain temps, surtout pendant la marche.

La ceinture est pour beaucoup dans la santé du soldat. L'expérience l'a tellement démontré qu'il est, je crois, inutile de m'appesantir davantage sur cette question. Les médecins sont unanimes pour dire qu'elle est souveraine comme agent préservateur, d'une efficacité incontestable quand il s'agit d'arrêter au début ces indispositions légères, si fréquentes au bivouac, et qui, négligées, peuvent rapidement mettre un homme hors de service.

Une paire de grandes bottes fauves. — Cette innovation rencontrera bien des adversaires, même parmi les officiers qui en font en campagne un usage continuel et qui les préfèrent aux basanes. La principale objection est que le prix en est trop élevé. Celles que je propose monteraient à la hauteur du genou et coûteraient, éperonnées, 26 fr. (1); la culotte basanée complétement neuve, 24 fr. Total, 50 fr.

Le pantalon de cheval neuf basané coûte 28 fr., les bottes, 16 fr. Total, 44 francs. Une différence moyenne de 6 fr. peut-elle être considérée comme une raison sérieuse ?

Le pantalon de cheval et les bottes pèsent ensemble

---

(1) La maison Godillot a fourni au prix de 23 fr., en 1865, des bottes fort solides et commodes à plusieurs officiers.

2 kil. 900 gr.; les bottes et la culotte pèsent 3 kil. 200 gr. C'est donc un surcroît de 300 grammes, différence légère et dont on ne doit pas faire un argument.

Inutile de faire remarquer que ces poids et ces prix sont des poids et des prix moyens.

A ces considérations, il faut encore ajouter qu'au bivouac, par la pluie, la boue se glisse entre le bas de la basane et le haut de la botte ; que les sous-pieds peuvent se casser, les boutons s'arracher ; enfin, qu'il faut moins de temps à l'homme pour enfiler sa culotte et ses grandes bottes que pour mettre le pantalon de cheval, puis les bottes, puis les sous-pieds.

Ces bottes seraient assez larges pour qu'au bivouac, par un temps humide, elles pussent être facilement mises et aussi facilement enlevées. Le talon serait très-bas pour ne pas s'éculer. La semelle serait garnie de trois rangées circulaires de petites pointes à tête carrée, qui, en la garantissant de l'usure, lui permettraient de mieux tenir la grille de l'étrier. La tige serait très-molle. Les éperons seraient à la chevalière, en fer étamé, toujours pour économiser le temps que demande l'entretien de l'acier.

En arrivant au bivouac, le cavalier enlèverait ses bottes, mettrait ses souliers, et n'aurait plus qu'à passer sa blouse et son pantalon de treillis pour être en tenue de bivouac.

Dernière considération : cette chaussure plait au cavalier. Or, si elle lui plait, c'est qu'il lui reconnaît des avantages. Tout cavalier vous dira que de pareilles bottes le préservent contre le mauvais temps et lui donnent à cheval le bien-être et la solidité.

Une paire de bottines. — Ces bottines, pour la tenue de ville, resteraient toujours en garnison avec le pantalon d'ordonnance.

Une paire de souliers. — Ces souliers seraient la chaussure habituelle du cavalier au bivouac : ils remplaceraient les sabots en garnison. Dans les pays où l'hiver est trop rigoureux, on pourrait toujours donner une paire de sabots à chaque homme. Le poids des souliers est inférieur à celui des petites bottes qu'emporte toujours avec lui le cavalier ; de plus, ils se placent avec facilité dans le paquetage. Nous retrouvons encore ici légèreté et économie de temps.

Deux cravates en étoffe bleu clair, comme celles actuellement en usage, remplaceraient complétement le col. Il faut que l'homme soit dégagé et à l'aise ; les anciennes traditions du militaire guindé et gourmé ne sont plus de notre siècle. On paraît du moins avoir compris tout le ridicule de ces gênantes attitudes, et la cravate, en donnant de l'aisance aux mouvements du cou, permet de respirer à l'aise par les fortes chaleurs, et protége la gorge contre les grands froids.

———

CHAPITRE VIII.

Pour être bon officier d'avant-garde,
il ne suffit pas d'être brave et de bien
commander au feu, il faut amener le
plus d'hommes possible jusque-là et
les y présenter dans le meilleur état.

General de Brack.

Campement.

Ce chapitre comprend les effets nécessaires en campagne, les bagages de la troupe et ceux des officiers.

Une fois sorti de sa garnison, le cavalier n'a plus le logement accoutumé ni la nourriture habituelle. Il est forcé de se les procurer et de s'en faire suivre sans pourtant surcharger son cheval.

En campagne, un cavalier bien couché, bien nourri, est libre et dispos; au moment donné, on trouve en lui des ressources qu'on ne rencontre jamais chez les hommes que les privations font souffrir. Cette bonne humeur, cet équilibre physique sont encore plus précieux chez l'officier, qui est la tête d'un corps, qui doit toujours avoir toutes ses facultés libres, et qui aura son esprit d'autant plus éveillé que son corps sera plus dispos. Étudions donc la question au point de vue de l'officier et du soldat, et voyons d'abord les objets de campement que posséderait ce dernier. Chaque éclaireur serait muni de :

2 sacs de campement.
1 faucille.
3 petits piquets de tente.
1 bâton de tente.
1 piquet.
1 masse.
1 peau de buffle.
1 poire de mercure.

Outre ces objets, propriété individuelle, les cavaliers reçoivent, par série de dix, une *marmite* avec son
couvercle, une *gamelle*; par peloton, deux *bidons*.

2 sacs de campement. — Actuellement, dans toute la
cavalerie, la tente-abri est composée de trois sacs
réunis par des coutures. Tout le monde connaît cette
tente, tout le monde sait quels services elle a rendus
et rendra à nos armées, quelle heureuse influence
elle exerce sur la santé du soldat, qu'elle préserve de
la pluie, de la rosée, etc.

Dans l'infanterie, les sacs ne sont pas cousus, et on
en comprend facilement la raison: les différents sacs
réunis arriveraient à un poids et à un volume trop
considérables, pour que, transformés en tente, ils
pussent être portés par un seul fantassin. Répartis
entre tous les hommes, au contraire, les sacs n'ont
plus qu'un poids et un volume proportionnés à la
force de chaque individu.

Pourquoi ne pas faire ainsi dans la cavalerie? Pourquoi mettre sur un seul cheval le poids d'une tente

que pour cela, distribués sur trois chevaux au moyen d'une simple opération qui consisterait à adapter à chacun [...] des boutons et des boutonnières.

Et au lieu de [...], en arrivant au bivouac, les sacs seraient réunis et la tente montée aussi facilement que si elle [était] toute [...]. Avec cette simple modification [...] n'aurait plus besoin de charger sur un seul [...] la tente complète d'une [...] qui, prise à [...] place [...] devient fort lourde [...] époque où [...] aussi [...] la difficulté et la fatigue de [...] serait [...] incommode [...] et d'en surcharger son propre [...] derrière au risque de blesser les reins de se [...].

[...] aurait donc un sac de campement qu'il porterait lui-même; chaque groupe de trois [...] porterait ce qui est nécessaire à la construction [...] tente. Il aurait, en outre, un de [...] [...] pour contenir le vert et les diverses distributions de vivres. Une *fatuille* pour faire la [...].

Je forme des groupes de trois hommes seulement, afin que la place sous la tente soit suffisante, et afin qu'on puisse y loger tous les effets et les mettre à l'abri, soit du mauvais temps, soit d'une tentative de vol [...] deux considérations majeures.

3 petits piquets. — A ce sac seraient joints trois petits piquets, soit neuf piquets par chaque groupe de trois hommes. Ce nombre de neuf piquets est précisément nécessaire pour fixer la tente au sol et l'y retenir solidement.

1 *bâton de tente*. — Au lieu du fusil que l'on adopte comme bâton de tente, deux hommes sur trois porteraient un bâton en bois tendre et léger, coupé par le milieu, et dont les deux moitiés pourraient se réunir au moyen d'un manchon en fer-blanc. Ce bâton, qui remplacerait le fusil comme support, n'est pas une surcharge, et permet au cavalier d'avoir toujours son arme à sa portée, sans avoir besoin, pour la prendre, de renverser sa tente.

1 *piquet*. — Ceci est la modification la plus importante. Cette substitution du *piquet* à la *corde* est, je crois, d'un immense avantage : j'espère le démontrer ci-dessous.

Chaque éclaireur serait muni d'un piquet qu'il porterait, en campagne, dans la fonte gauche de sa selle. Ce piquet serait en bois dur : sa partie inférieure, sur un tiers environ de la longueur totale, serait en fer. Le sommet serait en fer aussi et serait traversé par un anneau. L'extrémité inférieure, étant en fer, s'enfoncerait facilement dans les terrains rocailleux, tandis que la partie en bois offrirait toute la résistance nécessaire dans les terrains mous. On réunirait ainsi les avantages du piquet en bois à ceux du piquet en fer.

La longe serait toujours attachée au piquet lui-même par un bout et à l'anneau du collier, par l'autre bout.

Un cavalier isolé pourrait donc, sans le secours de personne, enfoncer son piquet, attacher son cheval et vaquer librement à ses affaires. Il lui suffirait pour cela d'une masse dont je parlerai et qui serait toujours placée dans la fonte droite.

A la tête de ce piquet serait aussi toujours fixée une paire d'entraves, qui, au bivouac, serviraient à attacher les chevaux par les pieds de devant.

Ce piquet permet de supprimer la corde de bivouac, laquelle n'offre que des inconvénients.

Chaque peloton a quatre cordes : il faut donc quatre cavaliers pour les porter. C'est une surcharge énorme pour quatre chevaux par peloton, seize par escadron : surcharge sur le derrière du paquetage, surcharge sur les reins, si faciles à blesser.

De plus, la corde, par les mauvais temps, se refuse à se laisser rouler : dans la boue, elle devient plus lourde de toute la quantité d'eau et de terre dont elle s'imprègne et se macule, et l'on ne peut s'empêcher de plaindre le cavalier chargé le matin de la lever. Par la gelée c'est une barre de fer qu'il devient impossible de plier sans la briser, si l'on ne peut l'exposer au feu pour la ramener à son état naturel : opération toujours fort lente et pour cela souvent im-

[illegible] elle [illegible] les bagages, au risque de ne pas [illegible] sous [illegible] jamais sans châtiment.

[illegible] au bivouac, [illegible] un rouleau sur deux [illegible] ouverts [illegible] qui portent [illegible] dans le sens de l'alignement [illegible] Les chevaux [illegible] les [illegible] à cheval [illegible] tout [illegible] il suffit [illegible].

[illegible] chaque [illegible] plante [illegible] autant son piquet à la hauteur de [illegible] on [illegible] les chevaux se trouvent [illegible] un alignement parfait.

Quand les chevaux sont à la corde, chaque extrémité de cette corde est fixée à un piquet. Quand les pieds viennent à s'arracher, aussitôt règne la plus grande confusion: les chevaux s'entravent, se battent, se blessent; les hommes ne peuvent ramener l'ordre qu'en s'exposant sérieusement.

Quand, au contraire, un cheval est au piquet, s'il parvient à l'arracher, il s'échappe; mais il reste entravé des deux pieds à ce piquet qu'il traîne. Rien n'est donc plus facile que de le rattraper.

Dans un terrain mouvant, il devient quelquefois

officiel de tenir les piquets assez solidement. Mais alors chaque cavalier a sa corde à fourrage, au moyen de laquelle il peut relier les piquets entre eux. D'ailleurs, le cavalier a toujours la ressource de couper un deuxième piquet pour les chevaux dont la courbure est rompue. Il y attachera la longe et opposera ainsi un deuxième obstacle à la fuite du cheval. Si, de ces deux entraves indépendantes entre elles, l'une vient à céder, l'autre résistera toujours assez longtemps pour donner au garde d'écurie le temps d'arriver et de remettre les choses en état.

Masse. — Pour arriver à jouir ainsi de son indépendance, il faut que chaque cavalier possède un instrument qui lui permette d'enfoncer facilement son piquet. Cet instrument consisterait en une petite masse ayant la tête plate d'un côté et formant hache de l'autre côté. Le manche serait en bois dur. Cette disposition permettrait à l'instrument de remplir une double fonction : enfoncer et couper. La masse serait toujours placée dans la fonte droite, à portée de la main du cavalier.

Peau de bouc. — Cet effet, de la catégorie des effets de petit équipement, n'est en réalité qu'un effet de campement. Il est destiné à contenir un liquide, eau ou vin, suivant les moyens de son détenteur. Il est préférable au petit bidon en fer-blanc de l'infanterie, dont le but est le même.

D'une contenance d'un à deux litres, cette petite outre, lorsqu'elle est vide, ne conserve qu'un volume fort mince qui permet de la placer facilement sur le paquetage. Pleine, elle n'est pas plus gênante que le bidon, et chaque diminution du contenu amène une diminution du contenant. Elle est d'une grande utilité dans les marches, et, à l'arrivée au bivouac, elle permet aux cavaliers de faire immédiatement la cuisine.

1 *paire d'entraves*. — Cette paire d'entraves serait toujours fixée au grand piquet d'attache. Si le boucleteau d'un pied se casse, l'autre suffit en attendant la réparation. Au reste, pour plus de sûreté, l'ouvrier sellier qui suit l'escadron en campagne aurait toujours dans ses bagages quelques paires d'entraves destinées à remplacer celles que le cavalier mettrait en réparation ou condamnerait au rebut.

Tels sont les effets dont tout éclaireur serait individuellement muni. Chaque groupe de six cavaliers aurait une *marmite* de campagne avec son *couvercle*; une *gamelle*. Enfin, chaque peloton aurait deux *bidons* de la contenance de 10 litres environ. Placé au centre du campement, le bidon met l'eau à la disposition de tout le monde.

Au chapitre du harnachement et paquetage, on verra la manière de placer tous ces effets sur la selle sans embarrasser le cavalier et sans surcharger un cheval au profit du voisin.

Avec ce mode de campement, chaque série de trois cavaliers peut se suffire à elle-même. Le cavalier seul peut toujours emporter des provisions dans sa besace et dormir dans sa criméenne à capuchon.

Il est, je crois, impossible d'arriver à un résultat plus complet, à moins de donner à chaque homme une tente et une gamelle, ce qui serait absurde.

Les cavaliers transportent avec eux tout leur matériel. Les voitures sont donc inutiles. La seule qui suivrait l'escadron serait affectée aux bagages des hommes à pied et des officiers.

En Europe, une voiture à deux colliers peut suffire. Sur cette voiture seraient placés en première ligne les effets des hommes à pied, les selles des chevaux blessés, les outils et provisions des trois ouvriers, sellier, bottier et tailleur, puis enfin les bagages des officiers.

Pour un officier, le meilleur bagage, en Europe, est une bourse bien garnie, c'est-à-dire une bonne solde. Avec une *valise* d'une petite dimension, il lui est toujours facile d'emporter les effets d'uniforme de rechange qu'il ne pourrait se procurer à l'étranger. Avec sa solde, il trouve toujours de quoi subvenir aux exigences de la vie matérielle.

Outre sa valise, il lui faut aussi transporter une *tente* et une *couchette*, effets journaliers et de première nécessité. C'est l'abri et le lit.

Il est difficile de donner des limites aux dimensions et aux poids de la valise, de la tente, du couchage de l'officier. Les uns préféreront une tente plus vaste, les autres un couchage plus confortable ; d'autres tiendront à se munir d'un plus grand nombre d'objets. Chaque officier agirait à sa guise, pourvu que l'ensemble de ses bagages ne dépasse ni le poids ni le volume fixés par le capitaine commandant.

Les officiers détachés trouveraient dans leur cheval de main le moyen de transporter les effets qui leur seraient nécessaires pendant la durée de leur isolement. Les voitures de l'état-major qui les emploient pourraient aussi presque toujours se charger de leurs bagages.

Il ne faut pas que le cheval de l'officier soit chargé, car le rôle de l'officier subalterne de cavalerie légère est de se transporter partout où il juge sa présence nécessaire, d'enlever ses hommes par son entrain, d'être toujours le premier où il y a danger, et de donner ainsi l'exemple du courage et de l'énergie. Il faut donc que son cheval, auquel on demande plus qu'au cheval de troupe, soit moins chargé que ce dernier.

Deux *cantines*, l'une pour le matériel de bouche, l'autre pour les provisions, seraient aussi transportées par la voiture ; elles seraient la propriété commune des officiers pour l'usage de leur *popote*. Chaque officier détaché emporterait avec lui le part qui lui revient.

Cette voiture à deux colliers est suffisante pour transporter tout ce matériel : mais il serait bon de remplacer le cheval arabe, si capricieux à la voiture, d'une conformation si rebelle au trait, par deux bons *mulets*. Il est facile de faire ce changement, et l'on y trouverait, je crois, un grand avantage au point de vue du service et au point de vue de la durée de l'animal.

Il en serait de même pour la *voiture de la cantinière*. Au lieu d'être traînée par un cheval, elle le serait par un *mulet*. Aux 221 chevaux de l'escadron, il faudrait donc prendre ces trois animaux, ce qui porterait à 224 le nombre des rations qui seraient touchées

CHAPITRE IX.

Harnachement. — Paquetage

[...] exactitude [...] que le soulier
[...] Avec de bons harna-
chements, [...] vos chevaux, exempts de blessures,
seront toujours prêts à marcher. Avec de mauvaises
selles, au contraire, vous verrez [...] au bout
de quelques marches, sans combats et comme par
enchantement, les magnifiques escadrons que vous
[...]

[...] vos harnachements [...] sont essen-
tiel [...] Défermeux [...] les précautions qu'enseigne
[...] et les soins les plus minutieux n'y feront
[...] L'économie mal entendue, l'économie du moment, celle qui épargne 10 aujourd'hui et nous for-
cera par là même à dépenser 100 demain, cette fausse
[...] a tout gâté. C'est elle qui nous empêche de
recourir à une mesure radicale, dont l'application
générale et immédiate ne coûterait dans aucun cas
aussi cher que les essais partiels, les tâtonnements
même [...] auxquels on a eu recours. Mon Dieu! je
[...] toutes ces tentatives il ne sorte rien

de bon. Mais l'insuffisance des résultats éclate à tous les yeux. Serrons la question d'aussi près que possible.

Chaque cavalier possède actuellement :

Une selle complète,
Bride complète,
Schabraque,
Couverture,
Licol d'écurie avec longe,
Mors de bride,
Bridon,
Surfaix de ficelle,
Surfaix de parade.

L'escadron, tel que je l'ai décrit, serait composé de chevaux arabes préférablement à toute autre race. Or, c'est surtout par rapport au cheval arabe que la selle actuelle constitue une anomalie anatomique des plus burlesques. En effet, elle est large du garrot et étroite des reins. Chez le cheval, les reins sont plus larges que le garrot.

Il résulte de là que la selle, au lieu d'appuyer sur le garrot, appuie sur les vertèbres, et au lieu de s'adapter aux reins, les pince. Ces deux actions à contre-sens occasionnent souvent des blessures auxquelles ne contribuent en rien ni la maladresse du cavalier ni le plus ou moins d'embonpoint que peut avoir perdu l'animal pendant la durée d'une expédition. A ces causes de blessures, il faut ajouter la forme des bandes, qui, avec le dos du cheval arabe, n'ont d'autres points de contact que ceux que peuvent avoir deux surfaces convexes. Il s'ensuit que, chaque fois que le cavalier s'appuie à droite ou à gauche, en avant ou en arrière, il y a roulement et frottement inévitables.

La *selle hongroise*, qui disparaît peu à peu des rares régiments où elle est encore utilisée, n'a pas tous ces inconvénients. Le corps de selle est proportionné aux formes du cheval. La longeur est rationnelle, et la selle ne recouvre que les parties strictement nécessaires. Elle est commode pour le paquetage, légère et facile à transporter aux bagages, si le cheval est blessé. Enfin, par son élévation, elle permet au cavalier de bien dominer sa monture. On pourrait lui reprocher de rendre difficile l'action des jambes. La selle hongroise est incontestablement supérieure à la première, mais elle n'est pas parfaite ; elle n'épargne pas non plus les chevaux ; elle est trop mobile, et la pression des bandes, qui ne sont pas rembourrées, est trop dure.

La selle que j'adopterais est tout simplement la *selle d'officier*. Celle-ci ne blesse pour ainsi dire jamais les chevaux. Elle s'adapte fort bien, dans toutes ses parties rembourrées, au dos du cheval. Etroite au garrot, large sur les reins, elle est peu mobile, et gagne encore la fixité que lui donnent les panneaux.

Les mouvements du cavalier ne causent plus ces

frottements dangereux, inévitables avec les deux premières selles.

Son poids, de 7 kil. 200 gr., est moins considérable que celui de la selle actuelle, qui pèse 8 kil. 400 gr. Diminuons encore 2 kil. 200 gr. pour la schabraque. 500 grammes pour la botte, 1 kil. 500 gr. pour les sacoches, nous trouverons une diminution totale de 5 kil. 200 gr. en moyenne.

Bien que plus légère, elle est d'une solidité égale, et un cavalier soigneux peut, avec des précautions, la conserver en parfait état, surtout s'il a soin de veiller à ce que les parties rembourrées soient à l'abri de l'humidité. Et le prix ? le prix ? me crie-t-on de toutes parts ! Ah ! voilà la grande question ! Voilà, pour la cavalerie, la pierre d'achoppement ! Qu'on se rassure. La selle que je propose reviendrait, il est vrai, à environ 15 fr. de plus que la selle de troupe; mais cette différence de prix serait plus que compensée, comme on va le voir.

D'abord j'obtiens, par la suppression de la schabraque et du portemanteau, une économie moyenne de 46 fr. par selle !

D'un autre côté, quand nous sommes en campagne, tout cheval blessé que nous laissons en arrière dans un petit dépôt, revient à l'État en moyenne à 2 fr. par jour. Non-seulement il reste là complétement inutile, mais il exige un cavalier pour le soigner, et le cavalier est rare en France ! C'est un homme qu'il a fallu instruire, que l'on ne forme pas en quelques jours, comme le fantassin, et qu'il est déplorable de laisser valide et inutile dans un dépôt. Malgré toutes ces raisons, vous gardez l'ancienne selle et vous entrez en campagne, je suppose, avec 100 sabres. La belle économie que celle qui vous réduit, après trois ou quatre mois de marche, à vous présenter devant l'ennemi avec 60 chevaux, comme cela s'est vu dans plusieurs régiments lors de notre dernière campagne d'Italie !

A la selle d'officier s'adjoindraient facilement tous les accessoires : les courroies d'habitude nécessaires au paquetage, une courroie de guindage, les étrivières, etc. La sangle seule, au lieu d'être en fil, serait en cuir fauve. Le corps de selle serait donc seul changé.

Les modifications ci-dessus peuvent être bonnes pour tous les chevaux. En parlant de la bride, du mors, du licol, j'ai plus spécialement en vue le cheval arabe.

La *bride* actuellement en service est lourde ; elle pèse 2 kil. 660 gr., charge la tête du cheval et en gêne les mouvements.

Le *licol* alourdit aussi la tête de l'animal, sans rien ajouter à la facilité de le conduire.

Il faut une bride légère, qui laisse la tête bien dégagée. Elle serait en cuir fauve, sans muserolle, avec deux montants de mors et de filet réunis au dessus de tête garni d'une gourmette de rechange ; un frontal compléterait la bride. La tête cesserait ainsi d'être enfermée comme dans un capuchon ; la respiration ne serait plus gênée ; le licol, détail important, serait remplacé par le collier.

Le *collier*, muni d'une longe et d'un anneau, est le véritable mode d'attache pour le cheval de service. et surtout pour le cheval arabe. Il est porté au-dessus de l'encolure et retenu au dessus de tête par une ganse à bouton qui permet de l'enlever facilement. Il est assez solide pour tenir l'animal à l'attache ; il offre. par sa simplicité, le moyen d'éviter les réparations que le licol entraîne trop souvent.

Mais, dira-t-on, il gâte la crinière en coupant les crins sur lesquels il repose ? C'est vrai : il coupe quelques crins. Est-ce donc là une objection ? Les services que le cheval de guerre est appelé à rendre dépendent-ils donc de la longeur et de l'épaisseur de sa crinière ?

Le *mors* en usage est trop lourd. trop large : la bouche du cheval arabe en repousse la forme et le poids. Le mors le plus apte à emboucher les chevaux de cette race, est le mors à branches droites, réunies par une branche fixe. Il pèse avec sa gourmette 160 grammes de moins que le mors en S. La solidité en est suffisante, et le cavalier. en obtenant des actions plus douces, moins constantes, deviendrait plus maître de la bouche, toujours fraîche, de son cheval.

Si je ne considérais pas la *couverture* comme un effet de campement, je la supprimerais complétement, pour la remplacer par un *feutre*.

En effet, la couverture est une cause de blessures fréquentes. Le matin, au petit jour, on sonne à cheval. Le cavalier sort de sa tente, prend cette couverture, qui l'a protégé pendant la nuit, la bat, la plie, puis la place sur le dos de son cheval. Bien souvent, malgré tous ses soins et toute son habileté, un gravier, un morceau de bois, un peu de terre, restent après la couverture ; souvent, aussi, un pli se fait. De là des blessures certaines pour les parties en contact avec ces aspérités.

Avec le feutre, aucun de ces accidents n'est possible. Il n'y a plus de faux plis, parce qu'il n'y a rien à plier. Le feutre ne servant pas la nuit, l'introduction de corps étrangers n'est plus à craindre. En un tour de main le feutre est placé et le dos du cheval garanti contre la selle.

On peut tout concilier facilement en adoptant d'une part le feutre, d'autre part la demi-couverture que possèdent les magasins de l'Etat. Celle-ci protégerait le cavalier sous la tente. Placée entre le feutre et la selle, elle ne serait pas, comme la couverture, en contact immédiat avec le dos du cheval. Enfin, à un moment donné, elle servirait à couvrir un cheval malade.

Chaque cavalier aurait alors un *surfaix de ficelle* et un *surfaix de parade*.

Le *bridon* en usage serait conservé tel qu'il est.

Le *licol d'écurie* serait complétement supprimé et remplacé en garnison par le collier.

La *schabraque*, d'un prix de 38 fr., d'un poids de 2 kil. 200 gr., serait supprimée. Elle alourdit le cheval, et, quoi qu'on en dise, n'est pas un ornement. Un paquetage bien fait, bien ajusté, propre, plaît plus à un homme du métier que cette vaste couverture qui fait disparaître l'animal et ne sert souvent qu'à cacher des effets mal disposés.

A la suite des modifications indiquées ci-dessus, il resterait donc comme effets de harnachement :

> Selle complète,
> Bride,
> Feutre,
> Demi-couverture,
> Collier avec longe,
> Mors de bride,
> Bridon,
> Surfaix de ficelle,
> Surfaix de parade.

Tous les cuirs seront fauves, tous les cuivres remplacés par l'acier étamé, et cela pour les raisons que j'ai déjà indiquées au chapitre du grand équipement, à savoir : économie de temps, diminution du poids à transporter, et je dirais même pour le harnachement, augmentation de la durée, les cuirs n'étant plus brûlés par le cirage, comme il arrive quelquefois aujourd'hui.

La *selle*, indépendamment du cavalier, doit porter tous les effets qui lui sont nécessaires ainsi qu'à son cheval.

C'est le placement de tous ces effets qui constitue ce que l'on appelle le *paquetage*.

Ici, rien à modifier. Le paquetage des chasseurs d'Afrique est excellent, rationnel, commode, d'un aspect agréable à l'œil. Il est de plus sanctionné par une longue expérience. Sauf donc quelques changements insignifiants, amenés par des différences dans les effets, il n'y a qu'à l'imiter.

On distingue deux modes de paquetage : celui de parade ou de revue en garnison, et celui de route, de campagne.

Dans le premier, pas de longe, pas de collier; la crimécnne seule sur les fontes, la besace, la blouse sous la palette.

Le paquetage de route, le plus important, se ferait comme suit :

Le *collier*, retenu par la ganse au dessus de tête et par la longe au piquet, placé dans la fonte gauche.

La *crimécnne*, sur les fontes, comme le manteau.

Le *sac de campement*, par-dessus.

Le *bridon*, roulé en long, en arrière de la crimécnne, côté hors montoir, maintenu par les courroies, le mors en bas.

La *masse*, à portée du cavalier dans la fonte droite.

Le *bâton de tente*, côté hors montoir, contre la criméenne.

La *faucille*, en arrière de la criméenne, le manche du côté montoir.

La *peau de boue*, du côté hors montoir, attachée par sa courroie à la courroie de la criméenne ; maintenue par la courroie de guindage seulement.

La *musette-mangeoire*, pliée en quatre dans sa longueur du côté montoir, attachée par sa ficelle à la courroie de criméenne, et maintenue par la courroie de guindage. Elle contiendrait les trois petits piquets de tente.

Les *entraves*, toujours attachées à la tête du grand piquet placé dans la fonte gauche.

Les *musettes*, placées de chaque côté des fontes, contenant : la droite, les effets de propreté, trousse, etc. ; la gauche, une chemise, une cravate, une ceinture de flanelle, un pantalon de treillis et une paire de gants.

Le *sac à orge*, placé sur le siège comme la besace et par-dessus celle-ci ; l'ouverture, pour l'uniformité, du côté montoir ; le bout du sac rentré. Il contient l'orge ou avoine et les souliers.

La *besace*, engagée dans la palette, maintenue par les lanières ; elle contient la brosse en chiendent toujours à gauche, et, des deux côtés, les vivres du cavalier.

Le *bidon*, deux par peloton, du côté hors montoir, maintenu par la courroie de guindage.

La *marmite* ou la *gamelle*, entourée d'un linge pour ne pas salir les effets, placée par-dessus le sac à orge du côté hors montoir et maintenue par la lanière de besace.

La *blouse* sous la palette, contenant le deuxième pantalon de treillis, roulé avec elle.

Le *sac de campement*, servant de toile de tente, par-dessus la blouse.

Ici, pas de *tente*, pas de *corde de bivouac*. On pourra donc toujours placer encore sur la blouse un *botillon*.

Le *bonnet de police*, placé sur la poitrine.

Avec cette disposition des effets, on est frappé de la facilité avec laquelle le cavalier peut paqueter et dépaqueter. On remarque aussi que les effets de première nécessité, en arrivant au bivouac, sont les plus faciles à enlever.

Immédiatement, le cavalier peut à l'aide du piquet attacher son cheval, mettre l'orge dans sa musette-mangeoire, la placer au nez de l'animal : ses souliers, son bonnet de police, son pantalon de treillis, sont à sa portée, et, en un instant, il peut se trouver à l'aise, en tenue de bivouac.

Tous ces avantages, ainsi que la commodité d'une part et, d'autre part, la satisfaction de l'œil, feraient adopter en campagne, par l'escadron d'éclaireurs à cheval, le mode de paquetage que je viens de décrire.

Fig. 5

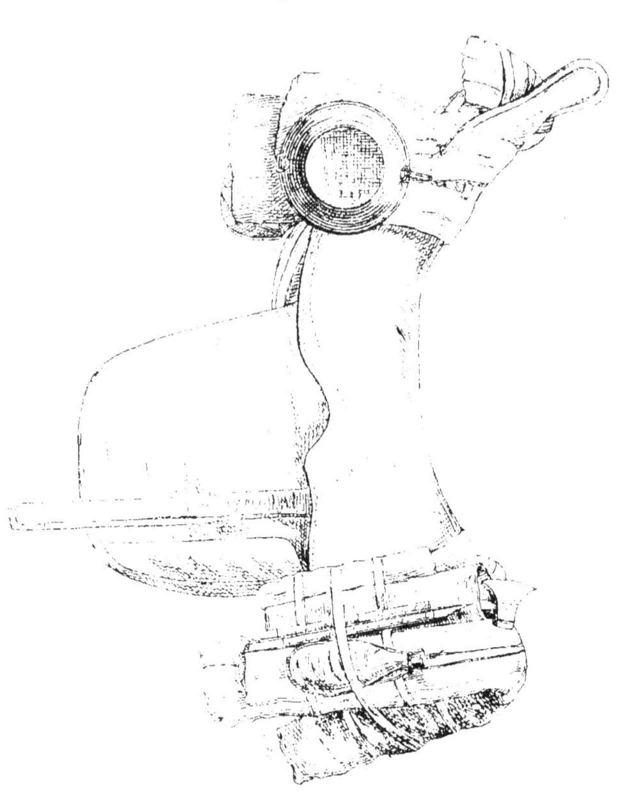

Fig. 6.

Selle pignotée. (Côté ceinturon)

CHAPITRE X.

Garnison. — **Campagne**.

Le cavalier en campagne est le produit immédiat
du cavalier en garnison. Si l'un sert, l'autre apprend
à servir : tous deux sont utiles à l'État. l'un par les
services qu'il rend, l'autre par les services qu'il est
appelé à rendre.

C'est pendant la paix qu'on instruit l'homme,
qu'on le prépare à la guerre. qu'on en fait un combattant.

La direction à imprimer à son instruction. la méthode d'enseignement qu'il faut lui appliquer : telle
est l'importante question qui se présente ici. Pour la
traiter convenablement, je serais forcé d'écrire un
gros volume. Néanmoins, sans sortir du cadre étroit
dans lequel je me suis renfermé. je toucherai quelques mots de l'instruction du cavalier d'abord et de
l'officier ensuite.

Le cavalier, comme je l'ai dit au chapitre II. serait choisi parmi les hommes les mieux constitués et
les mieux instruits. Il aurait au moins trois ans de
service, ce qui implique l'habitude du cheval, la con-

naissance pratique des écoles du cavalier, du peloton, de l'escadron à pied et à cheval. Enfin, il saurait au moins lire.

Je ne prends donc pas l'homme au début. La méthode actuelle d'instruction première est du reste bonne, et, en trois ans, l'on peut arriver à faire un cavalier à peu près acceptable.

C'est ce cavalier, pris tel quel dans les régiments, qu'il s'agit de perfectionner jusqu'à en faire un cavalier aussi accompli que possible. C'est à cet homme qu'il faut apprendre à se rendre absolument maître de son cheval, à se tenir dessus de façon à s'y trouver aussi commodément assis que dans un fauteuil, à diriger sa monture, à la manier suivant sa volonté, tout en se servant de ses armes avec la plus grande aisance.

Pour arriver sûrement et promptement à de pareils résultats, il faut que l'homme fasse du cheval un usage continuel : il faut qu'il monte à cheval aujourd'hui, demain, toujours : il faut qu'il monte à cheval avec ses armes, afin d'apprendre à en faire usage et à se familiariser avec la double fonction qu'il est désormais appelé à remplir simultanément, manier son cheval et se battre.

On ne monte pas assez aujourd'hui dans les régiments de cavalerie. L'homme, une fois ses classes terminées, n'est plus exercé que pendant la saison des manœuvres, des promenades militaires, et ces exercices portent plutôt sur l'instruction d'ensemble, pelotons, escadrons, évolutions, que sur l'instruction individuelle, cette partie si importante dans la cavalerie légère.

En tout temps, tous les cavaliers monteraient au moins deux heures par jour, au dehors par le beau temps, au manége par la mauvaise saison. On s'attacherait surtout à exercer le cavalier isolément.

Il manierait *seul* son cheval, il exécuterait *seul*, aux allures les plus vives, tous les mouvements du travail individuel. Le travail collectif est assez fréquent, c'est l'exercice individuel qu'il faut multiplier. Le cavalier serait amené progressivement à galoper dans différents terrains, à sauter un fossé, une barrière, en abattant une tête soit d'un coup de sabre, soit d'un coup de pistolet. Cet exercice serait répété au moins une fois par semaine.

Le travail de manége, la voltige, les écoles de peloton, d'escadron, un exercice à pied et enfin une promenade militaire en armes et bagages, avec bivouac, compléteraient les séances de la semaine. Pour les évolutions de régiments de ligne, que les cavaliers et surtout les officiers doivent connaître, l'escadron, toujours placé dans une garnison où se trouverait un régiment, pourrait compléter son instruction en prenant part aux manœuvres de ce dernier.

Chaque année, pendant un mois au moins, l'escadron camperait. Pendant ce temps, il serait spécialement exercé aux marches militaires, reconnaissances, grand'gardes, etc.: les hommes agiraient soit seuls, soit sous la direction de brigadiers, sous-officiers, officiers, suivant l'importance de la mission qu'ils seraient censés remplir. Des rapports par qui de droit seraient dressés, après chaque opération, et, naturellement, chacun serait préparé à son rôle en campagne. Lorsque les travaux seraient réels au lieu d'être simulés, il n'y aurait plus cette indécision qu'amène le défaut de pratique.

L'escadron, toujours muni de ses effets de campement, ne logerait plus chez les bourgeois quand il effectuerait ses changements de garnison. Cet ancien usage n'est pas seulement incommode pour le service, pour la surveillance; c'est encore un impôt indirect qu'il serait facile de transformer en lui enlevant ce qu'il a de vexatoire et de gênant pour les familles et pour le troupier.

Les armes, la théorie, les écoles occuperaient la deuxième partie de la journée, les exercices à cheval ayant toujours lieu de préférence le matin.

Toute la troupe serait astreinte à aller à des heures déterminées à la salle d'armes, à y pratiquer l'escrime et la contre-pointe, mais sans que les hommes fussent pour cela obligés de laisser par semaine dix centimes de leur solde, comme font aujourd'hui les élèves dans les régiments.

Si le soldat travaille à se perfectionner dans l'exercice de l'épée, du sabre, il se rend par là même plus apte à servir l'État.

Pourquoi donc alors lui faire payer ses leçons d'armes plutôt que les manœuvres dont le but est incontestablement le même ?

Des théories, proportionnées aux emplois de chacun, seraient faites comme dans les régiments, sous la surveillance du capitaine en second.

L'école régimentaire ne serait pas non plus négligée. Elle serait placée sous la surveillance immédiate du capitaine en second, et quatre degrés d'instruction seraient établis.

Premier degré. — Les sous-officiers, sous la direction d'un officier, se perfectionneraient dans la connaissance du français, de l'histoire, de la géographie, des mathématiques, de l'administration, tout en recevant des principes d'art militaire, de fortification, de topographie.

Ces diverses connaissances auraient le grand avantage de combler, plus tard, la distance qui sépare toujours, au point de vue de l'instruction théorique, l'officier sortant de l'école de l'officier sortant du rang.

Deuxième degré. — Les brigadiers, qui, on ne sait

trop pourquoi, n'ont pas de cours particuliers dans les régiments, suivraient, sous la direction d'un deuxième officier, des études poussées dans le même sens que celles du premier degré, mais proportionnées à leur degré d'instruction.

Les cavaliers seraient divisés en deux catégories, et chacun ferait partie de l'une ou de l'autre.

Troisième degré. — Les plus aptes, les plus capables, sous la direction d'un sous-officier, suivraient des cours analogues à ceux des brigadiers, d'une force toujours calculée d'après leur degré d'instruction.

Quatrième degré. — Ceux de la deuxième catégorie, sous la direction d'un deuxième sous-officier, se perfectionneraient dans la lecture, apprendraient l'écriture et l'arithmétique. Des lectures leur seraient faites sur les devoirs du soldat en campagne et en garnison.

On choisirait dans notre histoire des récits de combat propres à enflammer leur courage, à élever leur cœur, à stimuler chez eux le dévouement à la patrie et à l'Empereur. On mettrait sous leurs yeux les exemples de bravoure dont nos annales fourmillent, et non-seulement l'on développerait ainsi en eux le sentiment de la responsabilité personnelle, mais on leur ferait comprendre encore que l'action collective n'est que la résultante de toutes les actions indivi-

duelles, et que, dans cette œuvre gigantesque que
l'on appelle une bataille, chaque individu peut se
distinguer de la masse par le déploiement de son énergie particulière.

Et maintenant, si, aux manœuvres, aux études
théoriques, aux exercices de l'école, on ajoute les
soins à donner à l'entretien des chevaux, on com-
prendra qu'il ne reste plus au cavalier que le temps
strictement nécessaire pour le service qui lui est propre, pour le service à cheval. Donc tout service de
place à pied serait supprimé. On cesserait d'utiliser
les petits talents domestiques des cavaliers et d'en faire
des cuisiniers, des jardiniers, des cochers, des valets
de chambre. Les services à pied exigés par la vie
intérieure de l'escadron seraient seuls maintenus. Il
n'y aurait plus d'autres « *ordonnances* » que ceux du
corps, et encore ces « *ordonnances* » compteraient-
ils dans le rang et seraient-ils toujours prêts à com-
battre avec leurs officiers.

Pour le service des places, dans tous les cas, toute
la cavalerie serait considérée comme arme spéciale.

Le cavalier en garnison vivrait à l'ordinaire ; le
système actuel de mise en adjudication des denrées
est très-bon. Il serait cependant à désirer, vu l'augmentation continuelle des vivres de première nécessité, que l'administration militaire fournît la viande
comme elle manutentionne le pain ; qu'enfin chaque

corps possédât, sur les terrains militaires souvent incultes, des jardins où les légumes indispensables seraient cultivés par des soldats d'administration, de telle sorte que le prix en serait limité aux frais de production. L'administration militaire pourrait se charger de ce détail aussi facilement qu'elle se charge d'une partie des vivres.

Mais, dira-t-on, le producteur réclamera : les octrois des villes souffriront d'une pareille mesure ?

C'est là une objection qui se reproduit chaque fois qu'il est question d'une réforme quelconque dans l'ordre économique. Mais parce qu'elle est devenue banale, en est-elle moins juste ? Non, à certains égards. Les villes qui se sont obérées en construisant des quartiers, par exemple, auraient droit à des dédommagements. L'État hésitera-t-il à les leur accorder, quand l'amélioration du sort du soldat est à ce prix ?

Si cette réforme doit rencontrer des obstacles insurmontables, alors il n'y a plus à reculer ; il faut augmenter la solde du troupier, car elle est devenue manifestement insuffisante. Si cette augmentation de solde n'est pas supportée par le budget de la guerre, qu'elle le soit par la caisse municipale des villes qui postuleront pour avoir une garnison ! Il n'y aurait, dans ce dernier cas, qu'une simple avance faite au soldat, puisque l'argent sorti de la caisse municipale y rentrerait immédiatement en passant par le bureau de l'octroi.

La ration actuelle pour le cheval arabe, notons-le bien, est suffisante et bien réglée. Il ne m'appartient pas de discuter ici la ration du cheval de cavalerie de ligne et de réserve.

En ce qui concerne le casernement, il faut éviter les écuries fermées, obscures, les soins trop attentifs, les précautions trop minutieuses.

Sans doute, si vous dorlotez le cheval, si vous le mettez, comme on dit, dans du coton, les résultats immédiats paraîtront excellents. Vous présenterez en général inspecteur des chevaux gras, au poil luisant, tout à fait propres à attirer de magnifiques notes à ceux qui en ont la surveillance. Mais qu'on entre en campagne, qu'on vive de la vie du bivouac : alors il n'y aura plus de fenêtres que l'on puisse entr'ouvrir ou fermer ; il n'y aura plus moyen d'envelopper le cheval suivant les règles d'un prudence consommée ; de corriger l'eau qu'on lui fera boire, etc. Qu'arrivera-t-il de ce brusque contraste entre l'écurie et le bivouac ? La réponse n'est que trop facile.

Certes, je ne vais pas jusqu'à prétendre que, pour bien apprendre à coucher sur la dure, il faille toujours y coucher. Je dis seulement qu'il en est du cheval comme de l'homme ; qu'il faut l'habituer aux intempéries, le fortifier contre l'air extérieur en l'y exposant, le préparer aux fatigues et aux rigueurs d'un avenir qui peut éclater demain, au lieu de l'amollir dans les délices et les habitudes énervantes du présent.

Je voudrais que, pendant la vie de garnison, tous les chevaux fussent logés dans un hangar couvert, abrité du côté nord, préservé des vents d'ouest. La toiture serait soutenue du côté sud par des piliers en maçonnerie, placés de trois mètres en trois mètres.

Des paillassons, attachés par leur partie supérieure entre chaque pilier, pourraient être abaissés pendant les rigueurs de l'hiver, et relevés comme des stores pendant les chaleurs de l'été.

Le cheval, comme au bivouac, humerait l'air du dehors, hennirait au soleil, et s'habituerait ainsi à la rude vie des camps.

Les pertes ne seraient pas plus considérables : peut-être même diminueraient-elles. Dans tous les cas, les chevaux qu'un pareil régime ferait disparaître ne pourraient pas être regrettés. En effet, comment auraient-ils supporté le bivouac ? Quels services auraient-ils été aptes à rendre dans une expédition ? Ces services, dans tous les cas, n'auraient jamais compensé les frais de leur entretien durant la vie de garnison.

Dans nos régiments les études de l'officier sont

strictement limitées à l'entretien des connaissances théoriques et pratiques qu'implique le métier proprement dit. Toute autre étude est négligée. Je compte pour rien, bien entendu, le rapport et le travail topographique que les inspecteurs demandent aux officiers portés au choix. Tout le monde en connaît l'insuffisance et l'inanité.

Il y a là une lacune regrettable. L'officier ne doit pas seulement savoir son métier, connaître à fond son arme. Il doit encore être en commerce familier avec les armes qu'il coudoie journellement, et que son élévation en grade peut l'appeler un jour à commander.

Les études de l'école militaire de Saint-Cyr sont tellement bien dirigées qu'un élève qui a satisfait aux examens de sortie a, théoriquement et pratiquement, une connaissance suffisante des différentes armes. Il a de plus appris tout ce qu'il lui est pour le moment nécessaire de savoir en fortification, topographie, etc. Je voudrais que non-seulement il fût lui-même maintenu à la hauteur de ce niveau intellectuel, mais qu'encore l'officier sortant des rangs de la troupe y fût élevé à son tour.

Tous les officiers dans l'escadron suivraient donc des cours sous la direction immédiate du capitaine en second.

A côté de cette instruction marcheraient également

sous la même direction le travail de manège, les théories.

Qu'il me soit permis de m'élever ici contre le décret qui prive d'une partie de sa solde l'officier en congé à l'extérieur.

Chez nos voisins, on encourage les officiers à visiter les armées étrangères. Non-seulement alors on ne leur enlève pas leur solde, mais on l'augmente au besoin.

Les observations qu'ils rapportent de leurs voyages et les travaux auxquels elles donnent lieu sont toujours parfaitement accueillis, et deviennent pour eux l'objet des félicitations et des récompenses de leurs gouvernements.

Pourquoi n'en serait-il pas ainsi chez nous? et qu'est-ce qui s'oppose à ce que des officiers français aillent à l'étranger pour apprendre à connaître la tactique, les manœuvres, l'armement, etc., d'un ennemi en présence duquel ils peuvent se trouver d'un jour à l'autre?

Pour suivre le même ordre d'idées, je demanderais aussi que la connaissance de plusieurs langues vivantes fût un titre à l'avancement.

Il est, je crois, superflu de démontrer l'utilité qu'en retirerait l'officier, non-seulement dans son service militaire, mais aussi comme homme du monde. Une instruction solide et variée complète l'homme de guerre.

Que de ressources offrirait à un chef d'armée, avant, pendant et après la bataille, un ensemble d'escadrons recrutés, montés, armés, et exercés d'après les bases que j'ai indiquées!

Relisons le beau livre du général de Brack. Ce n'est pas seulement le *vade-mecum* de l'officier de cavalerie légère; ce doit être le catéchisme de tous les hommes du métier. Mais les opérations si bien décrites dans cet ouvrage montrent, à l'escadron d'éclaireurs particulièrement, toute l'étendue de la tâche importante qu'une organisation nouvelle le mettrait à même de remplir: non pas, certes, avec plus de bravoure et de brio que par le passé, mais avec moins de pertes pour lui-même, avec un plus grand dommage pour l'ennemi, et plus de ressources pour les généraux commandant en chef.

CHAPITRE XI.

Solde. — **Indemnités**. — **Masses**. — **Vivres**.

Il n'est pas possible d'exposer l'organisation complète d'un nouveau corps dans notre armée, sans parler de la solde, des indemnités, des masses, des vivres. Je consacrerai donc un chapitre à ces divers objets, qui, je ne me le dissimule pas, exigent des études et des connaissances trop spéciales. Aussi n'est-ce que pour répondre aux exigences de mon programme que je prends la liberté de toucher à cette question d'administration militaire.

La question de la solde est à l'ordre du jour. Grâce à la sollicitude de l'Empereur pour tout ce qui touche aux intérêts de l'armée, la solde a reçu, dans ces derniers temps, plus d'une amélioration profitable à l'officier comme au soldat. On dit que l'initiative impériale ne s'arrêtera pas là et que de nouveaux projets sont à l'étude (1). Certes, ceux qui étudient l'œuvre de Napoléon III dans son ensemble et qui, au spectacle de tant de créations utiles ou grandioses, ont pu

____

(1) Une augmentation provisoire de 4 cent. par jour et par homme vient d'être décrétée pour être affectée aux ordinaires.

se convaincre que l'une des faces de l'idéal dynas-
tique est aujourd'hui l'amélioration du bien-être général, la satisfaction des besoins légitimes de tous et
de chacun : ceux-là ne s'étonneront pas que l'Empereur fasse participer son armée à un pareil progrès.
On a beaucoup parlé sur le désintéressement, l'abné-
gation, l'esprit de sacrifice qui doivent animer
l'homme de guerre. Je suis fier, pour ma part, que
ces grandes et rares vertus soient considérées comme
l'apanage distinctif de la noble profession que j'ai
embrassée. Mais encore faut-il que l'homme de guerre
vive et qu'il ne soit pas mis en quelque sorte *hors la
loi* du progrès universel : encore faut-il, par consé-
quent, que sa solde s'accroisse proportionnellement
à l'augmentation de prix que subissent tous les objets
de première consommation. L'Empereur ne pouvait
donc manquer d'exercer ici, comme partout, son au-
guste initiative. Puisqu'il s'occupe du problème, le
problème sera résolu.

Il faut à l'officier comme au simple cavalier un
certain courage, un grand amour du métier, pour
entrer dans l'escadron d'éclaireurs dont nous avons
demandé la formation. Ici, pendant la vie de garnison, le travail est continu ; les exercices, les occupations de tous genres absorbent tout le temps. En
campagne, c'est une perspective de fatigues inces-
santes. Il est donc nécessaire de stimuler la jeunesse

en ne recevant dans les escadrons que des officiers notoirement aptes à répondre aux exigences des grades supérieurs. Les postes vacants deviendront alors un objet d'émulation générale. On pourrait encore, comme encouragement, placer l'escadron dans une garnison de choix. Enfin, la certitude de faire la guerre, si guerre il y avait; la certitude acquise d'avance de prendre part à toutes les actions militaires, serait pour des Français le plus puissant de tous les mobiles.

Quant à la solde, je voudrais que celle de l'escadron d'éclaireurs fût la même que celle du régiment des guides, type et prototype de notre cavalerie légère, de ce régiment que nous voyons, sous les ordres de son jeune et brillant colonel, se maintenir à la hauteur que lui avait assignée, dans le monde militaire, son premier colonel, aujourd'hui l'un de nos généraux de cavalerie les plus connus; désigné d'avance par le suffrage de tout ce qu'il y a de brave, d'intelligent dans l'armée non moins que par le choix du souverain au commandement de toute la cavalerie française.

Il y a, dans un corps quelconque, huit espèces d'indemnités différentes. Le nombre en sera le même pour l'escadron d'éclaireurs. Seulement, chaque indemnité sera ramenée à un taux en rapport avec les exigences dont j'ai parlé.

Indemnités.—1re. Il est alloué pour frais de représentation une indemnité de 800 fr. aux officiers supérieurs commandant un escadron formant corps entier. Je pense qu'il y a lieu ici de la porter à 1.200 fr.

Le capitaine dans son service sera toujours en rapport avec des officiers généraux ou supérieurs et aura un certain rang à tenir. Si le capitaine passait commandant, l'indemnité ne changerait pas.

2e. Indemnité de logement et d'ameublement: la même que celle allouée aux guides.

3e. Pour frais de bureau au capitaine commandant : 300 fr. par an, soit 25 fr. par mois. Ne pas perdre de vue qu'il est chef de corps, et est ainsi forcé à une correspondance et à des rapports particuliers; enfin il a à faire les frais du bureau du maréchal des logis chef comme capitaine commandant. Au lieutenant comptable 1.500 fr.

4e. L'indemnité pour changement d'uniforme n'aurait lieu, comme cela est rationnel, que pour les officiers nommés d'office. Elle serait pour tous de 900 fr. Ce chiffre me parait basé sur des dépenses largement faites. C'est, du reste, celui qui a servi de base pour l'indemnité accordée aux officiers qui ont dans ces derniers temps changé de corps.

5e. L'indemnité d'entrée en campagne serait portée à 1.000 fr. pour les capitaines, à 800 fr. pour les lieutenants et sous-lieutenants.

C'est encore une augmentation sur l'allocation qui actuellement est de 700 fr. et 500 fr. Cette dernière allocation, sans doute, est suffisante pour une première mise : mais, après quelques mois de campagne, il faut bientôt que l'officier renouvelle son matériel, et c'est toujours sur la même indemnité.

Si l'on veut, laissons subsister l'indemnité actuelle : mais, en campagne, donnons à l'officier une certaine somme quotidienne qui lui permette d'entretenir son matériel, sans toucher aux autres revenus de son budget. Ce dernier moyen serait peut-être préférable au premier.

6°. Indemnité au maréchal des logis vaguemestre, par jour 0 fr. 25 c.

7°. Au brigadier maître d'armes, par an 300 fr.

8°. Il est, dans l'intérieur du corps, des dépenses imprévues qui, par leur nature, ne sauraient être soumises à toutes les formalités administratives. Afin que les chefs de corps aient toute facilité de pourvoir à ces dépenses, il est alloué sur les fonds de la masse générale d'entretien une somme de 300 fr. par an, sous le titre de fonds éventuels.

Dans un escadron d'éclaireurs où les dépenses sont à peu de chose près les mêmes, la somme allouée serait de 200 fr., soit une diminution de 100 fr.

Masses.—Dans les régiments, nous comptons trois masses : il en sera de même dans l'escadron.

1° La masse individuelle : 1re mise pour chaque cavalier. 75 fr.

Supplément par cavalier venant d'autres corps. 45 fr.

Prime journalière par cavalier. . . 0 fr. 20 c.

Ce chiffre peut paraître trop considérable. Un cavalier soigneux toucherait de décompte 18 fr. tous les trois mois.

Je considère cette somme comme une récompense, une augmentation indirecte de solde, c'est-à-dire une amélioration de bien-être matériel qui ne pourra que faciliter le recrutement du corps.

2° Il est alloué dans chaque corps, sous la dénomination de masse générale d'entretien de l'habillement, un fonds commun destiné à subvenir à ses dépenses intérieures.

Dans un régiment la première mise est de. 2,400 fr.

Et l'allocation annuelle de. . . . . . 3,500 fr.

Pour l'escadron je fixerais la première mise à. 2,000 fr.

L'allocation annuelle à. . . . . 1,800 fr.

En effet, parmi les dépenses que supporte cette masse, nous trouvons :

A. Frais de réparations aux effets d'habillement, de grand équipement.

B. Frais de réparations d'objets dégradés par suite de force majeure, constatée par procès-verbaux.

C. Frais pour l'école de natation.

D. Frais pour l'école d'escrime.

E. Frais pour l'école de tir.

F. L'achat des médicaments pour les hommes traités à la chambre et à l'ambulance, etc., etc.

L'escadron manœuvrant beaucoup, marchant, campant souvent, il ne peut nécessairement pas y avoir proportion entre un régiment et un escadron : la balance doit pencher en faveur de l'escadron.

3° Enfin la masse du harnachement et ferrage.

Cette masse est alimentée au moyen des sommes allouées pour toutes les journées de présence des chevaux de troupe.

Dans un régiment de cavalerie, la somme allouée est de 18 fr. par cheval et par an ; dans l'escadron, elle serait de 30 fr.

Cette augmentation est amenée par des raisons analogues à celles données à propos de la masse précédente.

En effet, parmi les autres sommes qui viennent alimenter cette masse, nous trouvons :

La vente du fumier et des dépouilles des chevaux morts : ces deux ressources sont peu de chose. La masse de l'escadron serait bien vite obérée avec 224 chevaux en moyenne.

Il faudrait donc pourvoir aux besoins du corps

par des versements que feraient d'autres corps ayant un excédant de masse.

Je dis que cette masse serait obérée. En effet, parmi les dépenses nous remarquons :

A. L'abonnement au maître sellier.

B. Le ferrage des chevaux de troupe.

C. Les frais d'éclairage des corridors, escaliers, écoles régimentaires, écuries.

D. Achat d'ustensiles nécessaires pour la pharmacie vétérinaire.

E. Achat des médicaments pour les chevaux, etc.

Constatons encore une fois qu'on ne peut pas établir une proportion entre ces dépenses et celles d'un régiment.

Pour les vivres, en campagne comme en garnison, l'officier et le cavalier seraient dans les conditions actuelles.

Demandons seulement en passant comment il se fait qu'un homme qui meurt le matin au quartier, ce qui arrive rarement, ait droit à ses vivres toute la journée, tandis qu'un homme qui entre d'urgence à l'hôpital le soir, ce qui arrive souvent, doit rembourser le pain (c'est-à-dire les vivres) qu'il a mangé le matin ?

SOLDE, INDEMNITÉS, MASSES. VIVRES.

Tarif de solde.

DÉSIGNATION.	EN STATION par an.	EN ROUTE par jour.
OFFICIERS.	fr. c.	fr. c.
Capitaine commandant.	4,375 »	15 15
Capitaine en second	4,025 »	14 18
Lieutenant en 1er, Médecin Aide-Major et Vétérinaire en 2e.	3,300 »	11 66
Lieutenant en second.	2,930 »	10 63
Sous-lieutenants.	2,750 »	10 13
TROUPE.		
Maréchal des logis chef.	2 18	2 68
Maréchaux des logis et fourrier.	1 79	2 29
Brigadiers-fourriers	1 35	1 85
Brigadiers	1 06	1 46
Éclaireurs	85	1 15
Trompettes.	1 45	1 75
Enfants de troupe.	48	78

CHAPITRE XII

Réflexions générales. — Conclusion.

J'ai tâché d'exposer aussi clairement que possible l'organisation complète, et telle que je la comprends, d'un escadron d'éclaireurs à cheval. Si je me suis quelquefois laissé entraîner à des considérations générales, c'est qu'elles touchaient de très-près à mon sujet et qu'elles me permettaient d'y rentrer facilement sans trop m'en écarter.

Je crois avoir suffisamment démontré l'utilité de la réforme que je propose. Cette réforme se manifesterait dans notre armée, comme on l'a vu, par la création d'un petit corps constituant une *unité* qui s'administrerait elle-même. Pour faciliter ma démonstration, j'ai fixé une limite au chiffre d'hommes et de chevaux qui feraient partie de la nouvelle *unité*. Mais il est clair qu'on pourrait avec les cadres permanents élever ce chiffre à l'occasion. Alors, tout en faisant le service des divisions d'un corps d'armée, l'escadron conserverait assez d'hommes pour que le général en chef pût lui confier des missions impor-

tudes particulières, l'employer à des coups de main, à des reconnaissances, etc.

Si la tunique de mon cavalier, si son casque surtout et ses épaulettes le rapprochent du type prussien, où est le mal ? Ne porte-t-il pas les couleurs distinctives de sa nationalité ? Ne le reconnaîtra-t-on pas à son pantalon rouge, à sa tunique bleu de roi, couleur de l'infanterie ? En définitive, l'uniforme ne fait pas l'homme : il ne lui est même, en tant que marque distinctive, d'aucune utilité ; il ne vient en aide à celui qui le revêt qu'autant que cet uniforme se recommande par sa commodité et par les qualités défensives que j'ai indiquées.

Je me trouvais un jour, en Afrique, avec un de ces officiers étrangers qui font tourner leurs voyages au profit de leur instruction spéciale. Nous regardions des zouaves qui s'exerçaient sous nos yeux à l'escrime à la baïonnette. L'étranger s'approcha, prit un fusil, l'examina, puis écrivit sur ses tablettes de voyage : « Le zouave est armé d'un fusil inférieur à celui de notre infanterie ; la baïonnette est supérieure à la nôtre ; *changer* notre *baïonnette*. »

Je lisais ces observations au fur et à mesure qu'elles étaient écrites. Quand mon compagnon eut fini : Vous oubliez quelque chose, lui dis-je. — Quoi donc ? — Ceux qui la manient, fis-je en riant.

S'il n'en est pas moins vrai, toutefois, que la forme

particulière d'une baïonnette peut décider d'un succès, il n'en est pas moins vrai non plus que l'uniforme, outre les dispositions défensives auxquelles il se prête, exerce une heureuse influence sur l'esprit de corps, qu'il développe et entretient dans nos régiments.

L'uniforme a encore l'avantage de perpétuer les traditions : « Dans telle bataille, tel régiment était ici, tel uniforme s'est distingué là. »

Il est donc sage et utile, quand on modifie un uniforme, d'en conserver la partie fondamentale.

Je regretterais, pour ma part, la disparition complète de ces vieilles tenues que l'enthousiasme républicain et le génie d'un grand homme ont promenées dans toutes les capitales de l'Europe. Des guerres plus récentes et non moins glorieuses n'ont-elles pas aussi consacré en quelque sorte, en Italie, en Crimée, les uniformes auxquels nos yeux sont en ce moment habitués ?

Il faut en convenir, d'ailleurs, une foule de vocations militaires qui se seraient toujours ignorées, se sont reconnues au spectacle d'une manœuvre où tout brille, d'une revue où les uniformes reluisent au soleil.

N'oublions jamais qu'autrefois, dans certaines familles, l'uniforme d'un même corps était souvent endossé de père en fils. Les enfants se faisaient tout à la fois un honneur et un devoir de le porter chacun à son tour. Cette tradition finissait par constituer, pour certains membres de la famille, une espèce d'obligation morale à laquelle nul ne songeait à se soustraire. De là ces beaux noms militaires avec lesquels tant de régiments sont encore aujourd'hui familiarisés, et qui ajoutent à la considération de la famille régimentaire toute la considération des familles qui ont le droit de les porter. Noble et touchante solidarité de l'honneur et du devoir !

Je terminerai ces considérations, déjà longues, sur l'uniforme en disant que l'armée représente la France aux yeux de l'étranger, et que la représentation doit être à la hauteur de la grande nation. Or, quoi de plus propre à donner à nos rivaux une haute idée de notre force, de notre grandeur, de nos ressources, que ces revues où nous voyons défiler sous les yeux de l'Empereur notre incomparable garde et tous ces régiments de ligne qui brillent par la variété non moins que par l'éclat des costumes ?

Le problème de l'uniforme ne sera donc résolu que quand on aura réussi à concilier ces trois choses : utilité ou commodité, satisfaction des yeux ou beauté, respect de la tradition.

Comme on le voit, le problème est difficile : aussi n'ai-je pas eu la prétention de le résoudre d'une manière absolue, c'est-à-dire par voie d'application

générale et simultanée à toutes les armes. J'ai pour-
suivi un but plus modeste, me bornant à composer
un habillement qui serait spécial aux escadrons d'é-
claireurs dont j'ai demandé la formation. Mais, pourquoi chercherais-je à le dissimuler? j'ai arrêté les
dispositions de cet uniforme, comme si elles devaient
servir de base à la grande transformation que beaucoup de bons esprits considèrent comme désirable,
et que des esprits plus hardis préconisent comme
une nécessité qui s'imposera dans un avenir prochain.
Toutes les discussions auxquelles donne lieu le cos-
tume militaire semblent converger vers un seul et
même *desideratum* : l'unité.

« Oui, s'écrient les ardents, nous rompons avec
la tradition. Mais nos jeunes escadrons n'en montre-
ront que plus d'ardeur à illustrer leur nouvel uniforme, à en porter le prestige aussi haut possible,
à lui créer dans un court avenir un long passé
d'honneur et une histoire qui sera, nous l'espérons,
féconde en beaux exemples et en hauts faits. »

Que répondre à de pareils arguments?

Peut-être me suis-je montré trop exclusif dans
la préférence que j'ai marquée pour le cheval
arabe.

C'est que la race barbe est tellement supérieure à
nos races françaises que, pour pousser au développement de celles-ci, on est obligé de faire entrer en

ligne de compte cette considération étrangère au sujet : l'intérêt de l'éleveur.

Cet intérêt, je me hâte d'en convenir, est d'ordre supérieur, et je suis d'avis que nous ne saurions trop encourager l'élève du cheval français en achetant pour notre cavalerie le plus grand nombre de sujets possible. Mais alors pourquoi ne pas abaisser la taille au niveau de celle que l'on a adoptée pour le cheval barbe? Pourquoi ne pas faciliter l'écoulement d'une foule d'excellents produits, auxquels il ne manque que de ne pas remplir cette condition? Pourquoi n'en pas débarrasser le producteur et les laisser entre ses mains comme une invitation à ne rechercher dans ses élèves que la taille, même au détriment du reste?

Dans les chapitres où je me suis occupé de l'armement, du paquetage, de l'uniforme, etc., j'ai constamment pris pour objectifs : 1° l'économie d'argent; 2° l'économie de temps; 3° la diminution du poids.

C'est au lecteur compétent à décider si je me suis tenu dans les conditions pratiques qui peuvent seules donner quelque valeur à cette étude. La cavalerie organisée d'après les données que j'ai fournies serait peut-être à la cavalerie actuelle ce que le fusil Chassepot est au fusil à pierre.

Utopie! utopie! me criera-t-on de toutes parts. Oui, je serais tombé dans l'utopie, si j'avais rêvé la formation immédiate de nombreux escadrons. Une tentative dans ce sens aurait même des conséquences fâcheuses, car nos régiments écrémés, dépouillés de leurs éléments les plus précieux, ne pourraient plus se maintenir à la hauteur de la tâche qu'ils ont toujours si noblement remplie. Mais la réforme se borne d'elle-même à l'organisation d'un petit nombre d'escadrons d'éclaireurs à cheval.

C'est en la comprenant ainsi, c'est dans cette mesure fort restreinte que j'ai pris la liberté de soumettre cette organisation à la précieuse approbation de nos officiers de cavalerie.

En somme, supposons même que l'on considère cette formation d'escadrons spéciaux comme absolument préjudiciable à l'intérêt général de notre armée; eh bien ! je serais encore trop récompensé si quelques-unes des réformes que je propose pouvaient être adoptées dans nos régiments de cavalerie légère tels qu'ils sont aujourd'hui organisés.

TABLE DES CHAPITRES.

PLANCHES.